故事、儿童和作家的秘密
——走近儿童阅读

周益民 编著

中国轻工业出版社

图书在版编目（CIP）数据

故事、儿童和作家的秘密：走近儿童阅读／周益民编著．—北京：中国轻工业出版社，2016.2（2022.1重印）
ISBN 978-7-5184-0801-6

Ⅰ.①故… Ⅱ.①周… Ⅲ.①阅读课－教学研究－小学 Ⅳ.①G623.232

中国版本图书馆CIP数据核字（2015）第311318号

总 策 划：石　铁
策划编辑：孔胜楠　　　　　责任终审：杜文勇
责任编辑：孔胜楠　　　　　责任监印：刘志颖

出版发行：中国轻工业出版社（北京东长安街6号，邮编：100740）
印　　刷：三河市鑫金马印装有限公司
经　　销：各地新华书店
版　　次：2022年1月第1版第2次印刷
开　　本：880×1230　1/32　印张：8.75
字　　数：104千字
印　　数：5001—6500
书　　号：ISBN 978-7-5184-0801-6　　定价：32.00元
读者热线：010-65181109，65262933
发行电话：010-85119832　传真：010-85113293
网　　址：http://www.chlip.com.cn　http://www.wqedu.com
电子信箱：1012305542@qq.com
如发现图书残缺请拨打读者热线联系调换
151215Y1X101ZBW

序

刘绪源

记得是 2010 年初秋，中国作家协会在桂林开过一个儿童文学理论研讨会，我在发言时开玩笑地说："旧俄时代没有作家协会，但别林斯基、车尔尼雪夫斯基、杜勃罗留波夫等人又编、又评、又创作，起到了类似作协创研部的作用。"的确，19 世纪俄罗斯文学会有如此惊人的发展，和这些大批评家的存在是大有关系的。我们现在有了作协，有了创研部等专职机构，但民间力量仍不容忽略。不光是民间的大家、左右着学界动向的权威们不应忽略，我所指的，还包括那些虽不太有名，影响也未必非常巨大的批评者、研究者和阅读者。鲁迅曾专门论说过"天才"和"土壤"的关系，在给赖少麒的信中还说："巨大的建筑，总是一木一石叠起来的，我们何妨做做这一木一石呢？"（1935 年 6 月 29 日函）尤其当有些大家、权威、名人太不争气、太不靠谱时，这"一木一石"的作用，就显得更重要了。

周益民先生在儿童文学界就常起着一木一石的作用。他是教师，在课堂上教儿童文学，和孩子们天天讨论儿童文学，自己也热爱儿童文学。他写评论，也编著过多种相关的书。在考虑儿童文学创作和理论问题时，我其实很愿意听取像他这样的独立思考者的意见。这一本"作家访谈"，是益民多年劳作的产物，作家分布面广，所谈又有深度，它的结集出版，是中国儿童文学界的幸事。

访谈并不是容易的事。对象的选择，问题的设计，谈话的推进……这一切，无不体现着访谈者的心血，这本身就是"评论"，是实际起到评论和研究的效果的，只不过没有直接站出来大发议论罢了。我曾和哲学家李泽厚先生做过两本对谈，在第一本《该中国哲学登场了？》出版并颇获好评后，李先生的一位精通他著作的朋友，曾奉献了一份访谈提纲供我参考，希望我们的下一本书按此进行。我看了以后，没有接受。我对李先生说，如果这样谈，那几乎就是把你的著述和观点缕述一遍，虽然面面俱到，但那是普及的工作，不是创造的工作；我希望下一本书仍从问题出发，从你的理论的难点、我的疑点、当下的时代发展与你的理论的碰撞出发，这才更有趣味和张力，也能把理论思考推向前进。李先生欣然接受了这一意见，这才有了第二本《中国哲学如何登场？》。有过这两次实践，就使我对益民先生这本访谈的构想，有了更多心领神会之处。

我以为，这本"作家访谈"，是有多方面的价值的。

首先，能推进理论的思考。比如，在采访孙幼军时，问到："什么样的童话是好童话？"孙答："孩子喜欢的。"又补充道，"有人老爱说'孩子喜欢的作品不一定是好作品'，这话绝对正确。可我爱说的一句是：'孩子不喜欢的作品一定不是好作品'。具体到童话，当然也如此。"这真是答得又机智又有趣，但也把话说得非常全面了：真正优秀的儿童文学就是要大人和孩子都喜欢——当然首先是孩子喜欢。这话不涩不绕，不故作高深，但有理论的普适性和深刻性，所以是真正的理论。又如，金曾豪在谈动物文学时，把这种"大自然的视角"称作"上帝的视角"，可谓一针见血。他又提出了"反拟人化"的理论主张："写动物小说就是写动物世界，不要跟人类世界故意进行简单的链接。我最反对拟人化。我觉得这是动物小说跟童话的区别。我写的是真正的小说，只不过是把人变成了动物。小说必须有三个原则，有个性，有情感，有社会。我觉得动物世界这三个原则都具备，我不需要拟人。它跟人类社会当然是有关系的……但是这个关系最好就是'比兴'的关系，我觉得这是动物小说最好的境界。看了这个作品，读者可能会联想到人类社会的什么，这就是比兴，不是简单的直接的联系，不是等号。"这是由长期的创作实践而升华的理论。可见，真正的理论光靠理论家是创造不出的，必须是理论家和实践家结合，才有理论创造可言。

其次，有助于对作家的理解，从而也有助于文学批评的进展。仍说孙幼军，他在最后向小读者推荐书时，介绍了两本："中国的是张天翼的《大林和小林》，外国的是《吹牛大王历险记》。"从这里，我们就能知道他对童话艺术的追求是什么了。从这两本书中，我们能感受到那种挡也挡不住地向外涌的童趣，还有那无穷无尽的狂野的想象，这不正是孙幼军的风格特征吗？在彭学军的访谈中，有一段话也很有意思："最初是写短篇，几个短篇一出来，有人觉得我是在模仿沈从文，我觉得很奇怪，那时好像只读过他的《边城》，再说，我和他的语言风格也不像呀。后来是我自己悟出来了。我发现，在写别的题材时，边写边在心里默念用的是普通话；而写湘西题材时，在心里默念用的是吉首话。我这一类的作品总让人想到沈从文，不是说我写得有多好，只因为有一种相同的湘西气韵在那里。毕竟，他走过的青石板路我也走过，他喝过的沱江水我也喝过。"这就解决了很多批评者心中的疑难。看来，风格上的传承，除了通过作品，也可以是通过作品赖以产生的土壤，通过一种创作的基因上的相似或相近——这可说是很有意味的发现。当然，有的作家创作上的不足，从答问时所流露的心态上，也可以找到端倪，在此我就不展开了。

再次，不少作家谈出了很新颖的见解，在许多具体的层面打开了我们的眼界。这就不仅是前文所说的理论的创造，也必将大大推动今后创作的进展吧。比如，韦伶在回答关于少女文学的特质时，说了一大段非常有意思的话："少女在告别女孩而又还未长成女人的蜕变时期，有一个发呆、走神、做白日梦的阶段，人们爱把这个时候叫作少女的'多梦时节'。这时的女孩是有些迷离的，比男孩要'痴'和'疯'一点。她是活在双重世界的人，一半活在现实中，另一半活在梦想与幻觉中。这时候的女孩有不少经历在内心中完成，那些经历美妙而激越，笼罩着女孩一天的情绪和行为，却不为外人知晓。这是由身体到心智到行为的一个连环过程，是太有文学价值的含苞期少女的青春现象。可惜我们挖掘得还那么浅显和零碎。这种走神中的女孩，常常在劫难逃地将青春生命和宝贵时光交付给精神游历行为……这种状态和心境本来就是文学艺术的滋生地。"这节内容相当丰富，我这里不做"文抄公"了，读者自可翻开书页细读。

总之，这是一本好看而又有多重价值的好书，我有幸先睹，遂在此做真诚推荐。

2015 年 10 月 5 日
于沪西香花桥畔

（刘绪源，作家，学者，曾任《文汇报》"笔会"副刊主编）

目　录

01　孙幼军："怪老头儿"的快乐事儿 / 1

02　金　波：为童年种植真善美 / 9

03　李毓佩：让数学乘着文学的翅膀 / 17

04　年　红：跟小朋友在一起我只有 6 岁 / 25

05　张之路：怀着感情和敬畏写作 / 33

06　金曾豪：以"上帝的视角" / 43

07　梅子涵：聆听生命里的歌声 / 51

08　沈石溪：在动物世界里享受纯粹的快乐 / 63

09　秦文君：对书籍的感情，对童年的坚守 / 71

10　黄蓓佳：小船摇向童心深处 / 79

11　孙建江："一口寓言"闪耀哲思火花 / 87

12　郝月梅：笑看"捣蛋鬼"和"小麻烦人儿" / 95

13　冰　波：还记着尾巴在水里甩动的感觉 / 103

14　方素珍：撒播书香的种子 / 111

15　程　玮：牵引孩子走向广阔的世界 / 125

16　徐　鲁：记忆里纸窗上的月光和树影 / 137

17 祁　智：我就在书中等你 / 145

18 彭学军：也走过沈从文的青石板路 / 155

19 韦　伶：一株花树在笔下噼噼叭叭绽放 / 165

20 汤素兰：我与童话一见钟情 / 177

21 章　红：写出儿童心灵的亮晶晶 / 185

22 郁雨君：从千万株蒲公英里走出来 / 193

23 王一梅：月亮河中漂来的故事 / 205

24 杨　鹏：喜欢沉浸在想象的世界 / 213

25 韩青辰：我写作只为我的心 / 223

26 孙卫卫：一直保持孩子的心态 / 231

27 汤　汤：一个偶然的童话 / 241

28 陈诗哥：童话是世界的本来面目 / 251

后记：自问自答 / 263

孙幼军

『怪老头儿』的快乐事儿

告诉你一个秘诀：每天写一篇日记，一辈子就会变成两辈子。这可是我的切身体会喔！

作家简介

孙幼军（1933—2015），生于哈尔滨。1960年毕业于北京大学中文系。毕业后从事汉语教学，业余进行些文学创作。1961年出版长篇童话《小布头奇遇记》。长篇童话还有《没有风的扇子》《小济公传》《漫游奇境》《漏勺号漂流记》（与孙迎合著），系列童话集有《怪老头儿》《小猪唏哩呼噜》，中篇童话有《怪老头儿前传》《云里国历险》《白妞儿和妖精》《蛤蟆将军和他的兵》《神秘的大鸟》等，短篇童话有《小贝流浪记》《小狗的小房子》等。另有小说、散文百余篇及译作8种。1990年获国际安徒生文学奖提名、国际儿童读物联盟荣誉作品证书。多次获国内儿童文学奖。中国作家协会儿童文学委员会委员。

学者点评

要在中国找一位最儿童化的儿童文学作家，我投票选孙幼军。他以一种"绚丽之极归于平淡"的写作化境在不经意中将儿童生活包括他们的行为、语言艺术化，并用最浅显的文字、最简单的句子将故事讲得生动有趣，将人物刻画得神情毕肖，将环境描述得情趣盎然。正是在这一意义上，我们称孙幼军是"一个生就的而非造就的"童话作家。

——吴其南

问：人们提起您的童话，一定少不了这么几部：《小布头奇遇记》《小猪唏哩呼噜》《怪老头儿》。这其中，您自己最满意哪一部？

孙幼军《怪老头儿漫游奇境》　　孙幼军《小猪唏哩呼噜》

答：我写童话，还有写别的东西，总是写到自己满意为止，不达到"最满意"我不拿出去。所以，依我的感觉，我都"最满意"，这问题只能让读者和评论家说话了，以他们说的为准。

问：在20世纪60年代，您就创作了著名的《小布头奇遇记》，40年后又创作了《小布头新奇遇记》，您觉得自己前后的写作有什么变化？这种变化是自然形成的还是您有意追求的？

孙幼军《小布头奇遇记》

孙幼军《小布头新奇遇记》

答：写《小布头奇遇记》是由于我在报上看到一位出版社的编辑说，给孩子的文艺作品里没有介绍人民公社这个重大题材的。我看到的少儿出版社的稿约也有这项要求。我是学文学的，觉得文学作品不该是这么个写法，一则当时写文学作品就是这么干的，再则我急于出一本书，如不按出版社的要求写，人家不会给我出，于是就写起来。1989年，我不满意了，要求出版社停止出版，声称要修改，其实是下决心"枪毙小布头"。没料到压力很大，出版社催促不算，当年的小读者也替自己的孩子寻找，他们直接找我要书，造成我连珍藏的第一版第一次印刷的两本书也送掉了。四年之后，我实在顶不住了，当真修改起来，删掉有关人民公社的1万字，补写了老鼠洞1万字，让修改本在1994年4月重新出版。

《小布头新奇遇记》是另外一种情况。春风文艺出版社要出低幼儿童文学作品，另设了个"小布头丛书"，同"小布老虎丛书"并立，向我要《小布头奇遇记》。我说我跟人家的合同还有三年才到期呢!他们说,总不好让"小布头丛书"老是个空架子吧?要求我写一本《小布头新奇遇记》。40年中向我要"续集"的事不止三五件,由于我不乐意炒夹生饭,都婉谢了。这次我也拖了很久,直到有一天突然想:"让小布头给可怜的毛毛做伴儿不是很好嘛!"

毛毛是我小外孙,3岁就经历了那样多的感情折磨,真正是个"小可怜儿"。几年过去,我一想到他的遭遇仍旧鼻子发酸,忍不住写了个系列散文。不料写到4万字的时候,硬盘稀哩哗啦,怎么也抢救不出了。一下子,《小布头新奇遇记》的写作变成了我自觉的行动。

《小布头新奇遇记》远没有第一部那样走红,但它是我在没有框框的状态下写出的,我很爱它,而且想,如果在当年有这样一本书,它会比《小布头奇遇记》更受欢迎。它毕竟不是我初学乍练的产物了。

问:您在大学教授古代汉语,这可跟童话写作的语言相差远了。您是怎么协调的?

答:这个用不着协调。好比你喜欢摄影,跟你干什么都没关系,只管拍摄好了。时间上倒是需要协调一下子。我不把教学工作做好,绝不考虑业余创作,几十年都是这样子。这不是因为我觉悟多么高,是我的个性决定的。我干什么都想拔尖儿,何况在自己的专业上,我可不乐意让人家说我在本职工作上

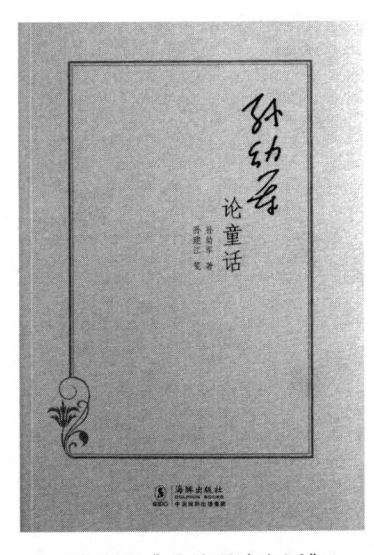

孙幼军《孙幼军论童话》

是个草包。

问：您认为什么样的童话是好童话？
答：孩子喜欢的。
有人老爱说"孩子喜欢的作品不一定是好作品"，这话绝对正确。可我爱说的一句是："孩子不喜欢的作品一定不是好作品。"具体到童话，当然也如此。

问：您有过写作苦思冥想而不得结果的经历吗？
答：这种情况太多了。我至今还有一个长篇、三个中篇童话放在那里，看样子已经报废了。

问：您现在主要阅读哪些方面的书？
答：童话几乎完全不读了，主要读一些成人小说和散文。

问：您和儿子孙迎曾经合作写过一本《漏勺号漂流记》。在孙迎小时候，您指导过他的阅读和作文吗？他有没有反过来对您的作品指手画脚的时候？
答：合作的不止一本。我"指导"过，但差不多每次"指导"，他都昏昏然欲睡，很影响我

孙幼军、孙迎《漏勺号漂流记》

的情绪,后来索性不再"指导"。

指手画脚是有的,但在通常情况下,他不大爱讲。他没有我有话一吐为快的基因,人很内向。

孙幼军骑车载我国台湾诗人林焕彰

问:几十年来,您为孩子们奉献了那么多快乐与智慧,请问您得到了什么?

答:我得到的是进入暮年时的最大安慰,感到一辈子没有白活。

问:最后,请给孩子们推荐一部童话作品。

答:中国的是张天翼的《大林和小林》,外国的是《吹牛大王历险记》。

(2006年5月访谈)

金波

为童年种植真善美

我仍在成长。我仍在和你们一起成长。因为我们的心是相通的。

金波

作家简介

金波，1935年7月生于北京。大学时代开始文学创作。出版诗集《我的雪人》《我们去看海——金波儿童十四行诗集》《让太阳长上翅膀》《柔软的阳光》等，小说《开开的门》《婷婷的树》，童话《影子人》《追踪小绿人》（三部曲）、《乌丢丢的奇遇》等多部，散文集《等你敲门》《和树谈心》《做一片美的叶子》《寻找幸运花瓣儿》，评论集《幼儿的启蒙文学》《能歌善舞的文字》等，选集《"我喜欢你"金波儿童文学精品系列》（十六卷）以及《金波诗词歌曲集》。曾获国家图书奖、"五个一工程"奖、全国优秀儿童文学奖、宋庆龄儿童文学奖等。1992年获国际安徒生奖提名。

学者点评

我的第一篇儿童文学评论题目是"微笑后的沉思"，所论就是金波的儿童诗。三十多年来，我从金波的童话、故事、散文、小说中，仍然感受到作家面对人生的"微笑"和"沉思"。在儿童文学这一简单的艺术形式中，能够优雅而深沉地展示自我，表达澄明的人生智慧，金波可谓身怀绝技。

——朱自强

问：您的长篇童话《乌丢丢的奇遇》受到很多小读者的喜爱。不少小读者猜测，书中的吟老诗人身上有您的影子。想听听您本人的说法。

答：在吟老的身上的确有我的影子，主要表现在思想感情、性格、气质、审美趣味等方面。在情节上并不都是我的经历。文学作品是允许艺术虚构的。但是，如果没有作者的切身感受，也很难写得生动、深刻。

金波《乌丢丢的奇遇》

问：《乌丢丢的奇遇》中巧妙地穿插了十四行诗，这是出于怎样的考虑？

答：这部童话的雏形，其实就是书中的四行诗："我们每天在接受着别人的爱，／我们更不该忘记用爱来回报，／就像走上人生之路，／你必须迈开左右脚。"可以说，我在写这部童话时，自始至终都带着写诗的感觉和追求。我以"十四行诗花环"的形式作为每一章的"题记"，是想引发读者以读诗的感觉和趣味来读童话。当然，也有出于我对文学创作的唯美追求的成分。

金波《我们去看海》　　　　金波《让太阳长上翅膀》

问：您原先主要从事儿童诗的创作，后来又投身童话创作。以诗人的身份加盟童话，使得童话常常洋溢诗情。这是您的艺术追求，还是自然性情的流露？

答：在儿童文学的多种样式中，我比较偏爱诗歌，写得也比较多。就我个人的感受而言，我首先选择了诗，应当说这是"自然性情的流露"。在创作上，我是一个侧重感受并表现个人内心世界的人，即使是写情节性较强的童话，我也要把自己的诗意感受写进去。在创作实践中，这一"自然性情"逐渐成为我自觉的"艺术追求"，我追求诗意童话，希望在情感上多多打动读者，启发我的读者读完故事以后，还愿意继续思考一些问题。

问：无论是您的儿童诗还是童话，我觉得都洋溢着这样的主题：

善良、纯真、美好,是否可以这样概括您的创作风格?

答:可以这样概括。"风格即人",全面地反映了一个作者的艺术追求,这既包括他的艺术构思、语言风格,也包括他的选材和思想。我的生活经历和人生追求,就是希望人从小成为一个善良和纯真的人,希望这个世界越来越美好。

问:诗和童话,您更钟情哪个?

答:诗是我创作的底色,无论是写童话,还是写散文,我都是把诗意作为一种艺术追求。我愿意坚持创作严格意义上的诗歌,也愿意创作没有诗歌形式的童话和散文。

问:您曾经多次谈到童年时代母亲的童谣对您的文学启蒙作用。您认为,这是一种个人情绪记忆还是具有普遍的意义?

答:我想,你一定注意到,在我的作品中,歌颂母爱的内容较多。我对母亲始终感恩,因为她对我学会做人有着潜移默化的影响。她为我诵唱童谣,并不是想把我培养成一个作家,只是让我有一个快乐的童年。但是,她选择了一个最好的形式:文学,让我终身受益。我认为这是具有普遍意义的。

金波《感谢往事》

问:您还创作了很多歌词,

《海鸥》《在老师身边》《小鸟，小鸟》等至今广为传唱。我猜想，您在写这些歌词时，内心肯定会浮响某种韵律，甚至会飘起某种旋律，您会跟作曲家交流这种感觉吗？作曲家的音符是不是吻合您的直觉想象？

答：我庆幸自己一开始进行文学创作，就结识了几位作曲家朋友，他们邀我合作，给了我一次歌词创作的机会。在与他们合作的过程中，我更加重视歌唱性。正是歌词的这种歌唱性，要求我带着旋律的感觉写作。作曲家在谱了曲以后，也常常征求我的意见，哪怕是一种直觉，他们也会很重视。文学与音乐的融合培养了我对音韵和节奏的感觉，还让我更加注重诗歌的凝练和音乐性。

问：非常喜欢您的这两句诗："睁着眼睛看自己，已进入老年；闭上眼睛看自己，还是个孩子。"这是您常葆写作青春的秘诀吧？

约 5 岁时的金波

答：我选择儿童文学，有其先天的因素，我从小是一个喜欢沉思、宁静的孩子，对世界，特别是对大自然，永远有一份好奇心和新鲜感。大自然让我永葆童心。因此，我有写不完的素材和无止境的追求。从这一点来说，我还保留着孩子的心态吧！

问：您对孩子们的阅读有些什么建议？阅读内容、阅读方式方面。

答：我希望同学们的阅读趣味更广泛些，读各种题材、体裁和各种艺术风格的作品。在阅读方式上，也要多样化：略读、精读、反复读。把阅读提升为一种高雅的精神享受，一种生活方式。

问：请为孩子们推荐儿童诗和童话各一部。

答：我个人更偏爱王宜振的儿童诗，如《笛王的故事》，还有严文井的童话，如《"下次开船"港》及其更多的童话。我建议同学们读一读。

（2006 年 5 月访谈，2015 年 8 月经被访者修订）

李毓佩
让数学乘着文学的翅膀

数学有形式逻辑,文学有意识流。同样需要想象力,也可以相互激发。

作家简介

李毓佩，首都师范大学数学系教授。两次获得"北京市优秀教师"称号，享受国务院颁发的政府特殊津贴。1977年开始业余从事数学科普创作，出版各类科普作品100余部，约1000万字。作品多次获奖，曾获得"第四届国家图书奖""第七届国家'五个一工程'图书奖""第四届中国图书奖一等奖""第二届全国优秀科普作品评奖一等奖""首届全国少年儿童科普图书一等奖""第六届全国优秀少儿图书奖一等奖"等。被中国科普作家协会授予"建国以来成绩突出的科普作家"称号。作品被译成多种少数民族文字出版。多种图书在我国香港、台湾以及韩国出版。

学者点评

李毓佩的作品通过奇妙的构思，不仅普及了数学知识，还普及了数学思想，以及追求数学的精神。在中国科普作品中，同时这样浅显生动地将科学思维、科学方法、科学思想结合在一起的少儿科普作品实属罕见。在科学与文学的结合方面，他的作品区别于常见的科学童话，是他独树一帜的创作，也是始终受到孩子欢迎的一大原因。他的作品充满了勇敢精神、对付各种突发场面的智慧，具有一种阳刚之气。

——郑延慧

问：李老师，您是著名的科普作家，常常用孩子喜闻乐见的童话、故事形式，将抽象、枯燥的数学知识讲得深入浅出、情趣盎然。请问您的数学故事创作开始于什么时候？您怎么会产生这一想法的？

答：那是在粉碎"四人帮"之后。1978年，我写了《奇妙的曲线》，到现在已经出版了大约100本书，还有很多连载的故事，总共约有1000万字。当时，《我们爱科学》杂志想搞得更活跃一点，编辑就约我写些数学科普故事，我就写了个《铁蛋博士》。从那个连载开始，就走向了写数学故事的道路。

问：在您的作品中，孙悟空、猪八戒、数学猴、老虎精、红鼻子、瘸腿狐狸……这些新老童话人物生龙活虎，斗智斗勇，妙趣横生。您是怎么将数学的抽象性和文学的形象性融合在一起的？

答：这是写作数学故事最大的难点。数学本身是符号化的，抽象是它的特点，这非常重要，没有抽象也就没有数学。这对孩子是个难关。科普作品的一大难关正是怎么把抽象性与文学性结

李毓佩《数学西游记》

合在一起，做到既有数学思想又有可读性，使得那些对数学不怎么感兴趣的孩子产生兴趣。怎么把故事写得动人，让数学学习有困难的孩子喜欢数学呢？数学内容是一定的，故事是载体，是表达形式，通过文学的形式让它吸引人，像童话、侦探、探险、斗智，都是孩子喜闻乐见的，这就是"包装"，一定要消灭"知识硬块"，要把文学和数学巧妙结合在一起。

问：当数学性与文学性发生冲突时，您更偏向哪一方面？

答：既然是"数学科普"，数学应该是首位的，这跟一般的儿童文学作品不太一样。数学必须得到保证，让文学服务于数学。在创作中，我没有感到有更多的冲突。一般两者同时进入视野，如果这个数学知识不适合就换一个，如果这种文学形式不适合也换一种，互相迁就一下，矛盾不多。

李毓佩《李毓佩数学历险记》

李毓佩《小侦探游中国》

问：您是大学教授，直接面对的是大学生，应该说跟孩子接触的机会并不多，您是如何把握作品中数学问题的难度的？

答：这缘于我小时候阅读了非常多的书，这是我创作的源泉和素材，不然孩子的语言、思维我就不了解。因为小时候看了许多书，创作的时候，感觉就潜移默化地出现了，就比较顺手。另外，我这人比较幽默，喜欢跟孩子一起聊天。

问：您认为数学与个人的素质发展有着怎样的关系？

答：很多家长对数学有误解，认为算得快、会解题就是数学好。其实，数学是一种思维，数学是一种思想，这种思维和思想在数学上非常有用，在其他地方也很有用。数学家的逻辑思维能力非常强，干练、切入主题，数学要求化繁为简、化难为易，一下子切入本质、主题，把握主要的东西。这对从事任何工作都很重要。现在学校的数学教育缺少的是数学思维和思想方法的渗透，太重视解题技巧、解题能力。当然，数学思维方法是很丰富的，三言两语并不能说清。

李毓佩《数学动物园》

问：您认为孩子的数学故事阅读与他们的课内数学学习是一种怎样的关系？

答：想靠看我的东西提高数学成绩，这是不现实的。看我的书不能立竿见影，我想主要是通过阅读这些东西喜欢上数学，感觉数学不是枯燥、无情、烦琐的，也是很人性的。过去的数学教材、教法、评价，使人觉得数学很冷酷，数学走上了"邪路"。我的作品主要是还数学本来生动、活泼、有趣的面目，帮助孩子了解数学的思维方法，提高对数学的认识，主要在数学本体的把握上，不能立刻变成分数。

从孩子的反馈情况看，确有孩子看了我的作品后由不太喜欢数学到喜欢上了数学。老师们也有相似的反映。

问：您怎么看待当前热火朝天的"奥数"竞赛？

答：这些年，我们的"奥数"竞赛取得了很大成绩，这很重要，但这是针对少数数学天才的，是属于少数拔尖生的。由于"奥数"成绩影响到高一级学校的保送，结果变成了"全民'奥数'"。"奥数"是把以后学习的内容提前了学，这对一般孩子来说很难理解。强迫那些孩子学，他们硬着头皮、鹦鹉学舌，超出了理解水平，越学越觉得困难，产生反感。"全民'奥数'"绝对错误，我持反对意见。相反，我觉得数学文化传播活动值得推崇，对青少年的成长很有意义。

问：最后，请给孩子们推荐一本数学读物。

答：我推荐张景中院士的《数学家的眼光》。这本书不久前获得国家科技进步奖二等奖，这是科普读

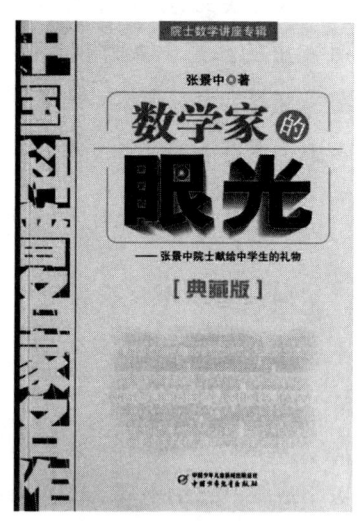

张景中《数学家的眼光》

物获得的最高奖。这个奖以前是给科研项目的,科普作品是没有资格参评的。我曾向孩子和家长多次推荐过这本书,它的最大特点是说数学家看问题的眼光和普通人的眼光不同,告诉读者的是思考数学问题的思路和方法。这本书也很适合我们成年人。当然,小学生阅读起来可能有些困难,初、高中学生读最好。建议大家读一读。

(2006年6月访谈,2015年8月经被访者修订)

年红

跟小朋友在一起我只有6岁

我们的儿童文学应该是送给孩子们最好的教育诗、最美的人生礼物。

作家简介

年红,原名张发,祖籍福建。马来西亚人。曾任校长、讲师、教育部课本编写主任等职。任南马文艺研究会会长、马来西亚翻译与创作协会副会长等职。曾获马来西亚"首相敦拉萨文学奖"、马来西亚华文文学奖、亚细安(东盟)华文文学奖等多项奖励,被誉为"世华儿童文学建设的创业者"之一。出版作品130余部。作品在中国、美国、菲律宾、新加坡、韩国、文莱、泰国、印尼等国出版发行。2015年,浙江少年儿童出版社出版其小说集《流花河》。

学者点评

在马来西亚,年红是一个人气很旺的儿童文学作家。他创作的儿童文学作品从不故弄玄虚、哗众取宠,而是朴素、自然、亲切、动人。作品的取材,都是日常生活、学习中的平凡小事。但由于作者善于提炼主题,运用形象描写来反映深刻的道理,因而这些平凡小事,便在不经意中给了读者丰富的启示。兼以语言清新朴实、自然流畅,他的作品为广大少儿读者所欢迎不是偶然的。

——钦鸿

问：您从事过多种成人文学文体的创作，小说、杂文、散文、诗歌、戏剧、评论等，现在为什么对儿童文学情有独钟？

答：文学界对儿童常常抱有偏见，以为从事儿童文学会降低他们的地位，我就是要弥补这一空缺。1994年的时候，洪汛涛先生曾说，马来西亚的幼儿文学是一片空白。我下定决心要填补这一空白，1994年退休后专门从事儿童文学写作。为了写好低幼儿歌，特地到中国访问了一些作家，像北京的金波、高洪波、上海的任溶溶、圣野、鲁兵等。我今年有10本这方面的儿歌出版。遗憾的是，到今天为止，马来西亚还是没有别的作家从事这方面的创作。我希望孩子们能在快乐的学习中健康成长，达到寓教于乐的目标。

问：您赢得小朋友喜爱的秘诀是什么？

答：爱心、童心、童趣。跟一年级小朋友在一起，我就只有6岁；跟五年级孩子在一起，我就只有10岁。这应该是所有老师的特长。跟孩子们在一起，有的孩子要抱着我，有的要把糖纸往我嘴里塞，还有的说要亲亲我。如果和孩子没有沟通，你的

年红《小蚂蚁》

年红《流花河》

教学就没有成功。我不但是他们的老师,还是他们的爷爷,他们的朋友。

问:您已经是小朋友们的爷爷了,您是怎么了解他们的喜好的?

答:重要的是关注孩子的成长,了解孩子语言的发展,必须符合他们生理心理的要求,要特别注重童趣。我不但能写作品,还能谱曲,组织乐队。其他作家写了文本就终结了,我还搞影像光盘,对孩子文艺的发展很有益。我在马来西亚还常举办亲子教育活动,教导家长如何指导孩子阅读。在低幼文学中,音像很重要,我们叫有声书、有像书。我找来配音的是南京大学中文系的硕士,在电视台工作。

问:您为什么在亲子教育方面这么用心?

答:别忘了我本身学的是教育,现在我把文学和教育放在了一起。我从教育角度知道孩子应该阅读哪些作品,我再三要求老师要在文学方面加强进修。中国把很多优秀的文学作品编进教材,马来西亚做不到。语文必须和文学挂钩,与其整天去背书之类,为什么不给孩子快乐的东西?我的理念是快乐地学习,健康地成长。

问：您是个作家，又怎么想到要亲自给作品谱曲之类的？

答：马来西亚的孩子不像中国孩子通过学文学来学语文，孩子学得很快乐。马来西亚的孩子学得很痛苦，以语文学语文。我们要向中国学习。我通过儿歌、儿童散文、儿童小说、儿童戏剧引导孩子学习语文。我还制作教育广播剧，当时一到时间全国统一收听歌曲。这就是流行歌曲文艺化，文艺歌曲通俗化。王洛宾的歌曲两样都有了。我就是在这个理念指导下创作儿童歌曲的。

年红《诗意的微笑》（光盘）

问：很想知道您的教育理想和文学理想。

答：文学是要提升人的，让新一代向上向善。教育就要培养有用的公民。现在的年轻人很功利主义，我们要身教，不是言教。我当教师和校长39年，是作家兼教育家，我当时献身教育没有想到得奖，晚年得到大家肯定，感到很温馨。

马来西亚的国语是马来文，

年红《会唱歌的乌鸦》

我得过第一届马来文学奖"首相文学奖"。我利用自己的优势,在马中交流中翻译了《水浒传》《家》,目前在翻译《三国演义》,有一组人在做这项工作,任务很重。

问:您怎么看待卡通的流行?

答:可以读,但层次不高。儿童的阅读还是应该以文本为主,插图为辅,不要忘了阅读原著。你们听过《神笔马良》吗?知道洪汛涛吗?《木偶奇遇记》的作者是谁?一定要记得作者,一定要读原著,不要读改写本。画册当然可以看,但还是应该以文为本,回归到文学中。

问:在马来西亚,不知道华文处于怎样的位置。

答:马来西亚独立的时候,我们只有小学有全华语的教育,中学只有一科学华文,华人就以私立的方式独立办学。我们凡是有华文教学底子的人都有一份责任,就是把华文教育坚持下去。有一些斗士甚至遭到牢狱之灾。我会在马华文学方面继续努力。我现在面向十三亿人口,而马来西亚只有两千万人口。我的书会翻译成马来文。

年红《年红儿童文学选》

对于华文教育,我们格外珍惜。"自力更生,自强不息",这八个字可以概括华文教育在马来西亚的概况。

问：您为什么对华语感情这么深？

答：这是民族的感情，这是民族的情结。

问：在马来西亚，孩子的写作情况如何？

答：马来西亚的孩子，作文是最弱的，孩子最喜欢体育，最不喜欢的是作文，原因是老师的教学方法不对，每年会考的试卷里作文都是最差的。每次我都要问，发表过文章的老师、喜欢写作的老师请举手。不喜欢写作的老师能培养出喜欢写作的学生吗？马来西亚有句话叫"怎么样的模蒸出怎么样的糕"。有个二年级的孩子给我一本他写的诗集，记得有一句写电风扇，"你整天这么转啊转，难道头不晕吗"，多么生动。所以老师必须反省，要从爱阅读、爱写作做起。一个不喜欢写作的老师肯定培养不出喜欢写作的孩子。

问：是否可以谈谈您孩子的情况？

答：很多人都羡慕我的孩子。我的两个男孩很成功，一到礼拜六就从老远回来。我从小没有打骂过他们，他们说就是学的我。我是身教，从来没有教训责骂，他们很敬仰我，说这一生能像爸爸这样就满足了。他们搞贸易和建筑。孩子长大了，但还是会想家。有了幸福的家庭，才会开发他们自己的天地。我是非常欣赏他们的，我小儿子去英国读书，写信回来，信都是非常优美的散文游记，我都收集了起来。

问：您目前的工作状态是怎样的？

答：每天三个小时工作，一个半小时阅读，是精读，一个半小

年红《一把大雨伞》

时写作。想到自己有限的生命要做无限的事，不得不这样。

问：您认为怎样的儿童文学是优秀的？

答：感染孩子，开拓视野，启迪思想，培养兴趣，塑造完美的情操，绝对不是教训的，而是寓教于乐，潜移默化。必须要有教育意义，仅仅是欢乐，不如去玩游戏，但是这种教育是不浮出字面的。

问：那就请按这样的标准给孩子们推荐一本儿童文学书。

答：推荐《快乐王子》。快乐王子有一颗爱心，把最宝贵的都奉献出来了，这就是真正的快乐。我第一次看到的是巴金翻译的版本，这也是影响我从事儿童文学的书。我的纪念巴老的文章就是从《快乐王子》说起的。再推荐一本同一个作家的《自私的巨人》。巨人没有孩子花就不开了，孩子就是我们的春天。王尔德写的童话不多，但是很精彩。

（2006年6月访谈）

张之路

怀着感情和敬畏写作

儿童文学的使命中重要的一点，就是在于为人类提供良好的人性基础。

作家简介

张之路,作家、剧作家。现为中国作家协会儿童文学委员会副主任,中国电影家协会儿童电影委员会会长。国际安徒生奖提名奖获得者,中国安徒生奖获得者。

文学作品有长篇小说《霹雳贝贝》《第三军团》《非法智慧》《蝉为谁鸣》《极限幻觉》《有老鼠牌铅笔吗》《弯弯》《千雯之舞》(汉字奇兵)、《替身》《永远的合唱团》等。作品曾获中国图书奖、全国优秀儿童文学奖、宋庆龄文学奖等。小说《羚羊木雕》、童话《在牛肚子里旅行》分别被选入中小学课本。许多作品在我国台湾出版,并多次被评为"好书大家读"优良少年儿童读物。

另有电影剧本《霹雳贝贝》《魔表》《足球大侠》《疯狂的兔子》《妈妈没有走远》《乌龟也上网》等10部,电视连续剧《第三军团》《妈妈》等。曾获中国电影华表奖、童牛奖、夏衍电影文学奖、电视剧飞天奖、开罗国际儿童电影节金奖等。

著有电影理论专著《中国少年儿童电影史论》。

学者点评

张之路,他的作品也像他的人,幽默机智中总透着某种器宇轩昂的派儿,即使让你捧腹大笑,仍能从字里行间瞧见了他那副绷着脸煞有介事的模样。据说曾有江湖看相者言:张之路长着一副帝王相,日后必大富大贵,云云。这里面固然不乏朋友间戏谑之成分,但在他的艺术格调中,那一份器宇轩昂倒是实实在在的,显得挺大气。

——汤锐

问：张老师好！看简历，您大学读的是物理系，现在从事的却是文学创作。假如可以回到当年，让您重新选择，您会选择物理系还是中文系？

答：我喜爱文学、后来走上文学创作道路，有偶然的因素，也有必然的因素。我在上首都师范大学的时候，上的是物理系，1968年大学毕业，那时候正好是文化大革命，到山西临汾的一个部队农场种了两年稻米。1970年左右分配了，回到北京当中学老师。1976年，周恩来总理去世，我要写首诗纪念他。当时没有任何功利的想法，就是出于对"四人帮"的愤怒，对周总理的怀念，很真诚地写了一首诗。学校的广播站还给广播了。周围很多同事就和我说，你这个学物理的能写诗，还写得不错。我说不是我诗写得好，而是我替大家表达了这种心情。打倒"四人帮"后，这首诗在一个杂志上发表了。这对我的创作就是一个启发或者说是鼓励，这是我从

张之路《乌龟也上网》

张之路《螳螂一号》

事写作非常偶然的一个原因。

我的创作思维有三个因素,学物理出身,长期在电影厂从事写剧本工作,还进行一些非电影的话剧、小说的文学创作。这三个因素是互相帮助的,我能够把每一个因素的优点强调、集中起来。从题材内容上,我就有科学因素的考虑。《霹雳贝贝》《魔表》《疯狂的兔子》《非法智慧》《乌龟也上网》,这些作品都与科学有关系。反之,如果写科学的东西没有文学性,可能也不会吸引孩子阅读。好的科普或者科幻作品也需要复合型的写作者。

如果今天让我选择学什么,有点为难,当时的我是喜欢学物理的。

问:您的近作《千雯之舞》是一部具有穿越性质的长篇幻想小说。我发现您不只是要给读者讲述一个曲折的故事,同时想通过故事传递古老的汉字文化,显现出一种文化担当。您为什么会有这样的创作构想?

答:2007年8月,我在深圳讲课。课余在一个茶馆喝茶,忽然萌生了一个念头:汉字是有生命的,应该让汉字"活动"起来。这个"活动"不是一般意义上的拟人化,动动身体说说笔画。我想象的"活动"指的是这些汉字应该有血有肉,

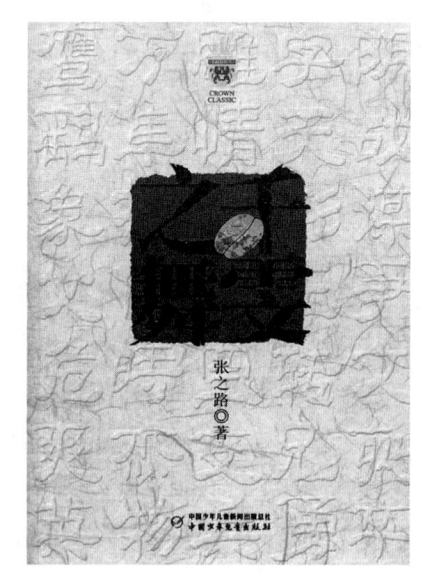

张之路《千雯之舞》

有性格，有命运，有故事，关键是他们要有灵魂！我的眼前出现了这样的画面，比如汉字的反犬、单立人等偏旁。他们组成了那么多字，这些字都有着共同特征，我想象他们如果振臂一呼就会有许多相同偏旁的汉字集合在他们的周围……旌旗招展、喊声震天，漫山遍野的汉字就像军队一样为一个正义的目的、崇高的使命集结、行军、战斗……我当时心情很激动，脑子里还出现了一个名字：蚂蚁奇兵！

我是个喜欢联想的人，经常出现"万物有灵"的感觉！把字当成"人"来写，可能是这个创作的起点。三年多的时间里，我脑子里始终在想着这件事，不断地翻书，不断地记笔记，不断地思索。这就是幻想小说《千雯之舞》的开始。三年多过去了，作品完成了。回头想想当时为什么激动，是哪一点？那个让我激动的点表达了没有？难道想的就是那一个"场面"，至于激动吗？我有点想不起来了。我安慰自己说，可能就是"灵魂的召唤"吧！

我希望把它写成一本很好读、很吸引人的小说。当然要谈到汉字知识，但我希望这不是一本介绍汉字知识的书，而是一本让人们亲近汉字的书，进一步发现汉字魅力的书。它能让我们感受到汉字的血肉和气息，重要的是汉字的生命和灵魂。以往的有关汉字的书在理论层面、历史层面、工具层面介绍汉字的比较多。中外人士都写了无数有关方面的很有价值的专著。包括历代的书法家让汉字书写成了中国文化很重要的一部分。但是将汉字当成文学，从人物、命运、故事来表达的几乎没有。而中国的汉字是可以从文学故事层面表述的，这是非常有意义的，也是有难度的，但也是有可能的，而且是有趣和吸引人的。尤其是面对青少年读者。也正是这些因素激励着我，让我往前跨越了一步，这一步是关键的，因此我是幸运的。谈到选择汉字知识,第一,我选择了汉字演变的历史过程。这条线不仅是汉字发展的知识线,也是故事发生所要依托的背景和事件的情节线,也是人物性格命运的走向。第二,我选择了汉字的产生形成(比如"六书")和结构(比如偏旁和部首),它不但是汉字构成的知识,也是许多细节产生的主要来源。因为故事和知识彼此需要、相互依托,所以读者会觉得流畅自然。

汉字是我们中华文化的血脉,是我们文化中取之不尽、用之不竭的,是与我们精神世界生死与共的生灵。萌生这个念头的时候,我就想把这个有关汉字的冲动写成一本书。它的文化方面的意义,我在刚刚开始创作的时候还没有完全认识到。我只是觉得这是一个有意义而且有意思的作品。在此之前有没有人想过我不知道,但是我没有见过这样的作品。而广大读者尤其是青少年读者却需要这样一部作品。我也是怀着这样的感情和敬畏开始了这部书的写作。

张之路《目光——张之路谈艺录》

问:我注意到,您在作品再版时,有时会做一些改动。比如《千雯之舞》,再版时书名改为"汉字奇兵",同时,还有其他方面的一些改动,我们从中看到了一位作家严谨的创作态度。您是如何不断打磨作品的?

答:一个作家应该对他的读者负责,尤其对少年儿童读者。所以，当我发现作品里有问题的时候一定要改。《千雯之舞》里面还有许多知识性的内容，就更要注意。我听了朋友和读者的意见后就改了两次。书名改成"汉字奇兵"，是因为许多小读者对前一个书名不明白也不感兴趣。改了名字更直观，也能吸引小读者阅读。

问：您的作品有的收入了中小学语文教材，您希望孩子们怎么学习这些作品？

答：我的短篇小说《羚羊木雕》写于1984年，发表在《东方少年》1984年第10期上。作品发表时的名称叫作"反悔"，选编到人民教育出版社出版的初一课本时被改名叫"羚羊木雕"。有一天，一位在中学教语文的朋友给我打电话，说她正在教学生学习"我的课文"，我很惊讶！她说课文的署名就是我，又说了说故事大概，我确信那就是我的文章《反悔》。

《羚羊木雕》被选编在中学课本里已经近30年。想想第一届读过这篇作品的学生如今已经是三十多岁的人了。再想想有多少学生曾经读过这篇文章，那何止是成千上万啊！我感到非常高兴和欣慰。

送给别人礼物是孩子们当然也是成人之间经常发生的事情，它是人们表达友情的一种方式。送给别人礼物后又把礼物要回来的事情也是有的，尤其在孩子们之间，大部分是因为彼此闹了别扭，要回礼物

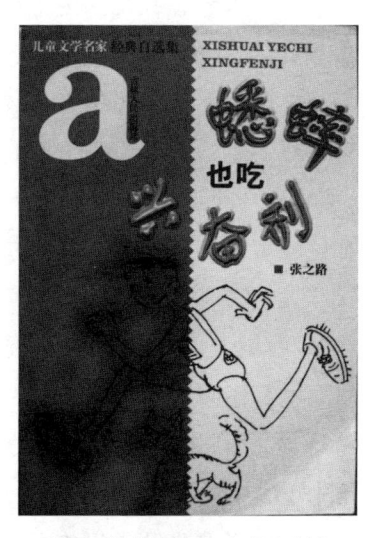

张之路《蟋蟀也吃兴奋剂》

似乎表达了"绝交"的态度,对于"香三臭四"的孩子来说,这是不足为奇的。当然,这也是件挺没脸、挺幼稚的事情!还有些时候就是我在文章里写到的,家长认为礼物的"价值"过高,孩子不懂事,然后让孩子要回来。

我萌生了这样一个想法,送礼物的事情可以写成一篇小说,礼物就是眼前这只比较贵重的羚羊木雕。至于是不是告诉孩子要讲信用,是不是表现家长不理解孩子,以至是不是批评家长重财轻义,说实话,在写作的时候还来不及想,要想的就是写出人物之间的关系和矛盾以及他们矛盾的心理、纠结的心态、孩子纯真的心灵。争取做到每个人的行为和语言站在他的角度上似乎都是合理的。文章写得有意思了,意义可能就在其中了。

在学习这篇课文的时候,如果老师启发学生时有些争论,我以为是最好不过了。

许多人熟悉我是因为电影及同名小说《霹雳贝贝》。其实,从20世纪80年代初开始,我曾经创作过一系列在"好玩"的故事中介绍"一点"科学知识的作品,《在牛肚子里旅行》就是其中一篇。当时还写了《一个哭出来的故事》,告诉小读者盐是海水晒成的;还有《彩虹》,告诉小读者太阳光有七色光彩……这些文章总共有十几篇,都比较短,以有趣的故事为主,而知识都是像聊天似的在无意识中"带"出来的。

我认为,一个教师在讲授科学课的时候,科学不但应该是"逻辑"的,还应该是"形象"的;科学不但应该是"严肃"的,还应该是"美丽"的。科学的魅力会让学生对理科的学习增加兴趣。在给中小学生讲授的时候,这一点就显得更为重要。

说到《在牛肚子里旅行》,如果得到读者喜爱的话,我想可能有这样几点原因。首先，它贴近生活。两只蟋蟀和一只牛，都是大家很熟悉的动物。捉迷藏也是小孩子经常做的游戏。从这里引入，从生活出发，写大家熟悉的事物，读者有亲近感。接下来，在平常的生活中出现了不平常的事件，"蟋蟀被牛给吃掉了"，于是故事有了转折，有了悬念，就会吸引读者读下去。小蟋蟀后来怎么样了？在这个悬念下，我们不动声色地介绍了牛有四个胃的科学知识。一篇文章，读者能够从中得到些什么，读者就会感到充实和满足。

张之路《极限幻觉》

除此之外，对于"人物"的塑造也是很重要的，故事中的青头在朋友红头处于危险境地的时候，能够勇敢地挺身而出，用自己的智慧和知识帮助朋友，这精神就让我们有所感动。

问：您的不少作品被拍成影片并获奖。与成人影片比较，您认为少儿影片最大的特质是什么？儿童电影的受众只是少年儿童还是应该老少咸宜？

答：一个电影做到老少咸宜是不太容易的，所以最后才出现了类型片这个概念。我们希望儿童片可以做到老少咸宜，但是现在有几个地方是我们有误解的。拿《哈利·波特》来举例子，它是不是儿童片呢？我觉得它是一个以儿童为主人公的商业片，这个片子可以做到老少咸宜（当然在有些国家是把其中某部列为不适合儿童观

张之路《中国少年儿童电影史论》

看的影片），但是它的资金是巨大的。有人说中国的儿童电影不行，因为拍不出《哈利·波特》，我觉得不是这样的。因为还有一种电影，不是商业片，但也是优秀的儿童电影，比如说《小鞋子》《放牛班的春天》《丑八怪》。尤其是前两部，虽然都提名了奥斯卡奖，可是我们电影发行公司是不引进的，因为他们知道票房肯定是失败的，优秀的儿童片不一定就是我们成年人（甚至是儿童）特别想看的片子。《小鞋子》，圈内人都说好，可是好多人就不想花钱到影院看。这里还有个发行渠道的问题，放在校园里集体看，效果就大不一样。

我以为儿童电影的特质，第一位就是观众对象是少年儿童。

问：请给孩子们推荐一本书，再推荐一部电影。

答：哈！推荐一本书太少了，我只能说阅读中引起我思索的作品之一。

小说是《夏洛的网》，电影是《丑八怪》（中学生看）、《小鞋子》（小学生看）。

（2015年9月访谈）

金曾豪

以『上帝的视角』

有文学相伴的童年是丰富的、快乐的、美丽的。

作家简介

金曾豪,江苏常熟人,国家一级作家,研究馆员,享受国务院特殊津贴专家。主要文学成就在儿童文学领域,出版专著40余部,两次荣获全国"五个一工程奖",四次荣获全国优秀儿童文学奖。其文学和戏曲作品还多次获省"五个一工程"奖、国家图书奖、中国图书奖、冰心儿童图书奖、陈伯吹儿童文学奖、紫金山文学奖、中国戏剧节奖、曲艺牡丹奖等重要奖项。重要作品有:中长篇小说《青春口哨》《狼的故事》《苍狼》《秘方秘方秘方》《鹤唳》《绝招》《义犬》《狐狸敲门》《凤凰的山谷》《紫色的猫》《男孩不带伞》《芦荡金箭》,短篇小说集《小巷木屐声》,散文集《蓝调江南》《田园江南》,大型剧作《杨乃武出狱》,曲艺《千里寻宝》《招牌菜》等。

学者点评

我还记得1992年参加全国优秀儿童文学奖评选时,初次读到《狼的故事》所感受到的那种震撼,记得后来为我国台湾民生报社出版的动物小说集《独狼》撰写序文时所体味到的那份喜悦。金曾豪的动物小说以其独特的"上帝的视角"表达出了对自然、对生命的一份博大的关爱之情,细细玩味,我们的心底会涌起一种最真切的感动。

——方卫平

问：金老师，在您的儿童文学作品中，动物小说占有很大的比重，20 世纪 80 年代，我就看过您这方面的作品。我一直很好奇，是什么促使您踏入这一创作领域的呢？

答：我的第一部动物小说是《狼的故事》里的一个中篇。《狼的故事》是个长篇，由四部中篇构成。我怎么会写动物小说的呢？我觉得我们东方文化中对强者、弱者的认识跟西方文化的观念有所不同。东方文化以善为美，以弱为美。以弱为美虽然不是堂而皇之提出的，但它是存在的。比如，我们小时候看的童话、传说，里面弱小的东西一般都是正面的角色，强大的狼虎一般都当作反面的形象。西方文化则以强大为美，以智慧为美。东方文化当然有很多好传统，但是就这一点，面对竞争激烈的 21 世纪，是个弱点。就这个现实，我觉得，以弱小为美就不是很完美了。于是，我就想用极端的方式来提倡以强为美，我想到了狼。狼这种动物有几种品质其实是值得学习的，首先生存能力非常强，再就是自强的能力。它在动物界不是最强大的，但是它争取当一个强者，这是很可贵的。

金曾豪《独狼》

问： 在传统文学作品以及人们的观念中，狼都是很凶恶、很残暴的，这几乎成了一种民族文化、民族心理，现在您选择了这么一个视角，它的合理性在哪里呢？

答： 我写作动物小说有一个观点，就是我们看、写动物小说要取得一个新的视角，不要以人的利害关系为准则。我们为什么认为狼是坏的，因为它偷吃了我们的羊，有时候袭击我们人？但在动物小说里，这种视角是不公正的，应该从大自然的视角来看，狼吃羊是应该的，吃羊对羊群来说是生态平衡，淘汰了老弱病残，使羊的群体保持优秀。我把这种大自然的视角称作"上帝的视角"。我就打的这个旗号。

金曾豪《苍狼》

如果取得了这个视角，你对狼的看法就不会那么简单，狼身上具备的品质就可以作为正面的东西来宣传。我的"狼"的动物小说就是在这样的思考过程中产生的。当时还是20世纪80年代，这种观点还较为离经叛道，小说最初发表在南京的《未来》杂志上。我有点担心，孩子们能接受吗？狼的名声太差了，你怎么把它当成正面的英雄人物来写呢？但是反响不错，编辑部和我都收到不少学生来信，还鼓励我把这个好听好看的故事写下去。我在《独狼》的最后，写这条狼已经被人抓起来，关到动物园铁笼子里了，所以第二部续篇叫《囚狼》，写这条狼在动物园铁笼子里的生活，写它在极端封闭的不利困境中还是有所作为的。《囚狼》写得很艰难,毕竟空间太小了。但大家还是感到很有劲,鼓励我再写下去。后来我"搞"了一次大地震,把笼子打翻,狼又逃出去了。但是它的尾巴在地震中被夹断了。狼跟狼狗主要的差别有两点:一是眼睛。狼的眼睛比较竖,狼狗要平一点。还有一个就是尾巴。狼的尾巴很生硬,狗的尾巴是很温柔的。尾巴是动物表达情感的一种方式,偏偏这条狼没有了尾巴,它逃出的地方又在江南。江南人的意识中是没有狼的,如果你看到一条狼在大街上走,肯定会说"这条狼狗"。小说一看就非常紧张。第三个中篇就叫《残狼》。后来还写了《原狼》,写这条狼逃回大山、故乡的经历,它要还原成为野狼。这四个中篇组合起来就是"狼的故事"。

后来又写了一部《苍狼》。有一个团体想把"狼的故事"改编成电视剧。剧本都写好了,怎么在一个荒岛上,一会儿给它什么刺激,都设计好了,但是狼完全没有按照人们的设计行动。其实这就是说人类对狼的了解太少了,狼比我们想象的要强大、机智、文明得多!它们内部也有社会结构和家庭关系。

问:听您讲述就觉得惊心动魄,很有阅读欲望。我们知道,童话创作有一条规律叫作"物性与人性的统一",动物小说的创作要遵循这样的规律吗?

答:这要说到我的另一个观点,就是"反拟人化"。一般你看童话,把一个动物比拟成人类社会的一种人。比如,把狼比拟成人类社会中一个凶恶的符号,把羊比拟成善良愚笨的人,兔子就是胆小的人。在童话作家笔下,动物成为人类观念中的符号了。我就反对这一点,写动物小说就是写动物世界,不要跟人类世界故意进行简

金曾豪《绝谷猞猁》

单的链接。我最反对拟人化。我觉得这是动物小说跟童话的区别。我写的是真正的小说，只不过是把人变成了动物。小说必须有三个原则，有个性，有情感，有社会。我觉得动物世界这三个原则都具备，我不需要拟人。它跟人类社会当然是有关系的，作家也不可能完全进入动物的内心世界。你自觉不自觉中就会跟人类社会拉上关系，但是这个关系最好就是"比兴"的关系，我觉得这是动物小说最好的境界。看了这个作品，读者可能会联想到人类社会的什么，这就是比兴，不是简单的直接的联系，不是等号。

问：记得小时候，我一直猜想您要么生活在莽莽草原，要么生活在山间丛林，总之是野兽出没的地方。后来得知您是地地道道的江南人，就有点不可思议，您是怎么走近这些动物的？

答：我对狼的了解其实就是对狗的了解，因为狗跟狼有血缘关系，野狗的祖先就是狼，它们是同祖的。只要掌握了狗的习性，狼的习性大部分就掌握了。狼跟狗的不同就是坚守着它的本性，只要加上这点，狗就变成狼了。我小时候跟狗是朋友、伙伴关系，彼此相对平等。动物也有自尊心。我觉得这是为什么我的动物小说写得比较好的一个原因。这是我坚持的，可能跟其他动物小说作家的东西有点不同。我还读了动物学家写的关于狼的习性的书籍，从动物行为学的方面了解、利用他们的研究。

我写的动物跟人类是有关系的。像狼跟狗很近,还有狐狸跟人也很近。好多狡猾、聪明的狐狸都住在人类附近,不会到很野的地方,狐狸很不强大,在人类世界跟动物世界的夹缝里生活最好。野兽不敢到人类世界来,它们有依靠。我们城市附近有座虞山,就有狐狸,山旁有个中医院,有时狐狸半夜下山到医院,戴了护士帽模仿人在走廊走来走去。

问:您觉得儿童文学作品对儿童的阅读具有怎样的意义?较之一般的儿童小说,动物小说在这方面有怎样的价值?

答:儿童文学作品一般是作家们专门给孩子们写的,当然要考虑回避一些不适宜的东西,要干净一些、美一些,也要容易接受,是专门的配方,更容易吸收。成人文学作品中有一些不适宜的、过分沉重的东西,比如矛盾、无奈等,不适宜过早地给孩子看。

一般儿童小说要回避比如暴力等,动物小说不需要回避太多东西,

金曾豪《愤怒的狐狸》

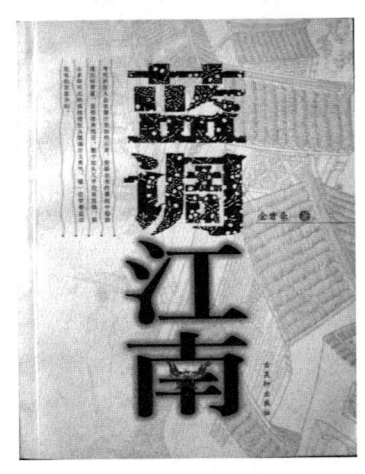

金曾豪《蓝调江南》

可以跟小读者大开大合地讨论生与死等。动物小说里有很多暴力镜头，这对一个人来说是有好处的，可以让人从更深的层面来讨论人生、人性。

问：给孩子们推荐一些合适的作品吧。

答：我推荐两位作家的作品。一是曹文轩的作品。他的作品中有古典的诗意的美，读了他的作品，你就会去追求，这是一种情调。如果没有情调，就会活得干巴巴的，人生非常苍白；要活得有情调，读曹文轩的作品好了。一是秦文君的作品。她的作品跟当代孩子贴得比较近，很有生活气息，还有一种快乐的教育在里面，看了很开心。

（2004 年 9 月访谈，2015 年 8 月经被访者修订）

梅子涵

聆听生命里的歌声

童话的记忆,会飘逸在一生的记忆中。

作家简介

梅子涵，上海师范大学教授，博士生导师。1971年开始发表作品。著有小说《女儿的故事》《我的故事讲给你听》《戴小桥和他的哥们儿》等，散文集《绿光芒》等，专著《儿童小说叙事式论》等。

学者点评

梅子涵真的只写孩子会认的字，用孩子会说的词。可是，就那么几个字、几个词，梅子涵像魔术师一样，东挪挪西挪挪，就变得很生动、很有趣了。正是这种语言的成功运用，梅子涵写出了真正"儿童本位"的儿童文学。现在大家都说儿童文学正在向儿童回归，我建议以后再论证这个观点时，一定要把梅子涵当成一个论据。

其实，梅子涵使用的孩子的语言也并不是儿童水平的语言，而是作家对生活中儿童语言的独到发现和个人锤炼。

——朱自强

问：很多孩子一提到作文就头疼，觉得每天的生活都是一样的，哪来那么多东西可写。您有什么经验可以向他们传授？

答：我们当作家的每天的生活也是大同小异的。是不是写得出作品，和每天的生活是不是大同小异，或者天翻地覆，没有决定性的关系。重要的是能从这基本重复的日子中看见感情，看见快乐，看见生命和故事的很多基本意义。这个道理，作家写作和学生写作是一样的。

安徒生有个童话叫《创造》，写了一个年轻人，他想在复活节前成为一个诗人，然后娶一个太太，靠写诗来过日子。可是他又觉得没有东西可以写。

"一千年以前出生的人啊，你们真是幸福！""即使在几百年以前出生的人，也是幸福的，因为那时他们还可以有些东西写成诗。现在全世界的诗都写完了，我还有什么诗可写呢？"

他决定去拜访一位巫婆。在欧洲的童话和故事里，巫婆经常是智者，虽然地位普通，但是却善于指引，让你有门可入。这里的这位巫婆，恰好又正是干着管理一个大门

梅子涵《双人茶座》

的工作,有人骑着马或是坐着车来,她便打开门。

她住的房子周围,没有树,也没有花,门口只有一窝蜜蜂,还有一小块种马铃薯的地。

"我就说嘛,我们这个时代毫无诗意,我在这儿看见的正是缩影,所以有什么可写的呢?"年轻人这样想。

可是巫婆告诉他说,面包屑也是面包啊,你为什么不可以把面包屑写下来呢?

巫婆已经知道,这个想当诗人的年轻人不具敏锐,也没多少文思可言。

巫婆就把自己的眼镜和听筒给他,让他戴上,使他能看见和听见"源泉",看见和听见最普通的东西里原来也有声音和故事。

比如马铃薯。你拿起一个捏在手里,你就能听见从它里面发出的声音。它正在唱一支马铃薯之歌,歌唱它们是怎么到欧洲来的,人们最初不会栽种它们,竟然是挖了一个洞,把整袋的马铃薯统统倒入洞里,或者在这儿埋一个,在那儿埋一个,以为会长出一棵树来,然后再从树上摇下马铃薯来。那时人们不知道,人类的幸福——马铃薯,是从根底下长出来的。可是后来人们知道了,所以是多么了不起的历史!

再来看看蜜蜂窝。那里面有多么活跃的生活!蜂窝所有的走廊上都有蜜蜂,它们拍着翅膀,好使这个大工厂里有新鲜的空气流动。

梅子涵《相信童话》

这是规定好的任务。这时又有许多的蜜蜂从外面进来,它们的腿上都有一个天生的篮子,现在里面又装满了花粉。那位蜂后也想飞出去劳动,顺便也玩乐一下,可是按照规定,蜂后现在是不可以飞出去的,她仍旧想飞,大家就只好把她的翅膀咬断了。

巫婆还准备领年轻人去看看公路,因为公路上有很多的人。可是年轻人说,哦,我不想去了,我的头都昏了!那么多的一堆人,一个故事接着一个故事,故事在闹哄哄地响着!我要回去了!

巫婆只好告诉年轻人,你成不了诗人!不是复活节的时候成不了,而是永远也成不了!

问:安徒生的这个童话很有意思,令人深思。您能结合生活中的例子继续谈谈这个话题吗?

答:一个美国的学生,在中国看见人家门口种着花,花的旁边放着蛋壳,她就想,这些爱美的中国人真懂得珍惜,蛋壳里剩下的一点点营养也不浪费,给花,让它们吸收了长大,花苞更大,开出的花儿更漂亮。她看见了,她在想她的看见。看见了,想这样的看见,那么就有作文了,作家也就有作品了。这就是一个普普通通的人家和一棵花的故事,是一棵普通的花和蛋清蛋黄的故事,是很普通的生活和美丽的希望的故事。

作文、作品就是这样写出来

梅子涵《绿光芒》

的。怎么能说没有什么东西好写呢？很多好的作品其实写的就是每天一再重复的可以看到的事。每天早晨，妈妈准时喊你起床的声音；每天吃饭时，妈妈看着你、希望你多吃一点的目光；每天早晨上学去，妈妈在后边对你的叮咛……妈妈每天都这样，你就熟视无睹了，就读不出妈妈心里的感情了。可是最好的作文就在这里。

梅思繁《洋葱汤里的流水岁月》

我女儿在法国留学，去阿尔卑斯山旅行。她迷路了，有个年轻的法国农民开着车经过，她就问自己要去的那个地方怎么走。农民说，你上我的车，我送你去。在路上，女儿就问，你开车是准备去哪儿啊？农民说，我是在找夏洛特。"他是你的小孩？""它是我们家的小羊。""如果艾米莉不叫起来，我们还不知道夏洛特不见了呢！"艾米莉是夏洛特的妈妈。我女儿说，这简直就是诗，法国的农民是诗人。

她说得不错，这是普通生活里的诗歌。很朴素的味道，很朴素的诗。

问：很多同学非常喜欢您的小说《女儿的故事》，是什么灵感让您写出这部作品的？

答：有人问我《女儿的故事》是真的吗？我告诉大家是真的。每天晚上吃饭的时候，女儿都会给我们讲故事。我总是边吃边欣赏地听，由衷地笑。她每天这样地讲，我每天这样地听。这些故事全部变成了我的记忆。女儿考取市重点中学的那一天，我很开心，就坐在电脑前，电脑是刚买的。我觉得想写一点什么东西，啪啪啪，打上去"女儿的故事"。我毫无准备，一口气写了四万字。不知道按了哪个键，一个字都没有了。我惊慌失措，连忙找人帮忙，仍旧一个字都没有。我没有吃饭，很郁闷，还有点绝望。但心里想，革命还是要继续啊。然后再写，就写成了这本书。你说是没有准备的吧，是有准备的，我每天听女儿讲故事，我由衷地喜欢，然后记在脑子里。你所碰到的故事讲出来也可以变成一本书，你可以试一试。讲到底，这本书不是一个作家的作品，其实来自一个小学生、中学生对她生活的讲述。每一个人的事情都是很有意思的，都精彩，要珍惜自己的事情、自己的故事，这样作文就有东西可写了。"财富"是平等的。

梅子涵《女儿的故事》

问：您作品里的那些故事，咱们同学也经常遇到，可这些事情怎么一到他们笔下就干巴巴的了呢？

答：我们要善于把自己经历的事情描述给别人听。这是人的一种基本的能力，一定要有。这就是为什么小时候要学会写记叙文的意义，绕不开的。有些人认为小学生写作要简洁。当你写不出话的时候怎么写得简洁？老师要你写500字，你能写800字，尽管有点啰唆，没关系。写作开始的时候要学会写长，啰唆一点没关系。

当你很小的时候，记叙一件事情一定要写清楚，这是最重要的。怎么写得非常好是以后的事情。不能用一个作家的生动来要求小学生、中学生，写作的成长和生命的成长是一起的，我们认识到的写作的道理、生活的道理是在我们已经是一个成年人、一个作家、一个老师以后，而不是在我们还是孩子的时候。可是他们还是孩子。我们高的不要站着，要求矮的和我们一样高，非常可笑。

问：一些学生在写作的时候还时常碰到材料的"真"和"假"的关系。材料的真实是否就是完全真实地发生过？

答：我以我的《戴小桥和他的哥们儿》为例。书里的这些故事全都来自我跟小朋友接触以后留在记忆里的那些材料，再加上我的虚构的成分。写老师的时候，妈妈的事情也可以放上去；写"我"的时候，别人身上的事情也可以放上去。生活中各种各样的东西有时可以融并起来。

梅子涵《戴小桥和他的哥们儿——喝汤的土匪》

问：不少家长都把阅读当作提高孩子写作水平的一种途径，期盼立竿见影的效果。您怎么看待这种现象？

答：儿童文学的阅读根本不是为了提高一个孩子的写作水平。儿童文学是一个很大的文学，是非常大的一棵树，一个孩子的写作只是一个能力而已,一个盘子,一个篮子,一个木桶,你无法把一棵树放进盘子里,栽到木桶里。这是两件事,无论是家长还是语文老师,经常会问到这样的问题:儿童文学和作文有关系吗?有什么样的关系?读儿童文学与提高写作怎么能没有关系呢?就像喝水和走路一样,喝水和走路没有关系,不能说喝水是为了走路,可喝水对走路很重要,走着走着就渴了,再走着走

梅子涵《阅读儿童文学》

着就更渴了,继续走着却不喝水的话就昏倒了。阅读儿童文学与写作自然是有关系的,是非常整体的、养育的关系,养育一个生命的整体,养育一种心情、一种浪漫、一种从容的状态和安静的心情,养育目光、感觉和天真。阅读把以上这些都带给一个阅读中的孩子和生命,也给孩子很多快乐。日常生活里,很多快乐都蒸发掉了。儿童文学、童话把在生活中不断被蒸发掉的快乐表现了出来。孩子读了就笑了,读多了,孩子生命里笑声的回响在生命里一直都会有,一个充满笑声的生命的笔下就会写出笑声。写一个死的生命也许也是有笑声的,而不是只流泪,就像《爷爷有没有穿西装》那样。爷爷是穿着西装的,还穿着皮鞋,于是就又把生命从头到尾的尊严布置了出来。儿童文学里的很多精神是一个连着一个的。一个连着一个的精彩也就纷纷扬扬。

现在的孩子说话、写作的语言和神情里缺少他们那个年龄的天

真,尽是成人的东西,假的老练,假的成熟。好的儿童作文应该溢满了天真。目光的角度天真,叙事的逻辑天真,语言、句子天真。一个没有逻辑毛病的作文是不真实的。阅读儿童文学能维护住儿童的天真,能延期成熟,能拒绝假成熟。

现在的孩子多现实,多具体。成年人把"现实"和"具体"每一天地教给他们,成为日常的提醒和教育。没有大气象,只有很细的一条个人的路线,只有今天的成绩和后来的学校。好的儿童文学都是有大气象的,有高处和远处的召唤,像《月亮的味道》和《花婆婆》那样。思维没有大气象,情感和肩膀的担放都是轻描淡写,那么作文里的涵养怎么可能比较丰富,感动的境界怎么接近?

阅读儿童文学,阅读文学,对孩子就是这样的栽种。这样的栽种,就会栽种进作文的写作里,栽种进整个的生命。

问:对作家的生活,同学们或多或少都感到有点儿神秘,您的写作生活是怎样的?是不是每天都在写作?

《妹妹》,梅子涵/文,梁培龙/图

答:我小的时候也对作家感到神秘。一个人有这样的心理非常好。人不能对任何事情、任何职业都无所谓。人要有稀奇感、神秘感、崇拜感。这样,人就会努力和争取。而从另一方面说,作家、艺术家其实又只是"一个人"而已。一个从事自己职业的人。他会写作。有的时候写得很轻松,有的时候也蛮艰难;有的时候写得很好,有的时候其实写得很一般。我不是每天都写作的。有的时候写作,有的时候不写作;有的时候是在写,有的时候只是脑子里在想着写。我经常读书,也看电视,也聊天,也去马路上、商店里逛,买东西,也跑步、打乒乓球、喝咖啡。不是天天在那儿写的。天天在那儿写不是我喜欢过的生活。天天在那儿写,生命的意思就只有"写"一个字了。一个字没有意思。

问:面对琳琅满目的儿童文学的世界,作为成年人,我们该向孩子推荐介绍怎样的作品?

答:推荐优秀,而不是推荐不优秀的畅销。现在的有些畅销是挣钱目的的制造,我们不要不能识破而去帮助了这样的畅销。

我不是一个反教育者,甚至也特别重视儿童阅读的故事里含有的意义和感情。我清楚,作为一个成年人,我的感动和震撼是从这里面来的;而作为一个孩子,他长大以后的回味和记忆,也是来自这一些感情和意义的渐渐清晰和透澈。但是我却一再要对成年人说,要把一本书是不是写得有趣放在判断

梅子涵《儿童小说叙事式论》

和推荐的首位,放在写作和出版努力的首位。

这是儿童文学长期酝酿和建设起来的认识,是一个孩子能够喜欢一本书,因此变得喜欢起阅读的最简单和直接的理由,否则,你希望和设计的再美妙的方向和目标也没有吸引力。

可是,有趣、真正的幽默,都是潜含人格高度的,都是有很健康的意味的,都是富有叙事才华的,而不是只为人物起个什么名字,让人物频繁地为别人起绰号,简单地搞搞恶作剧。

儿童文学不是恶作剧文学,不是低级地装疯卖傻的文学。

儿童文学是艺术。

是叙事的艺术,想象的艺术,让人目瞪口呆的艺术。

问:现在很多家庭、学校流行让孩子背《千字文》《三字经》,您怎么看这一现象?

答:不是说不能读,但是童年不能以它们为主。不是说那些东西不好,那些东西不属于童年,至少在现代的童年观的意义上不属于童年。童年和成年人不一样,童年要有童年的东西给他们。你非要说把一个大人的衣服拿给小孩,当然也是可以的。有什么不可以?也可以穿,穿着也可以走出去。可那不是童年,穿着不活泼、不可爱。

问:您曾经给孩子们介绍过很多优秀的国外儿童文学作品,今天,我想请您给孩子们推荐一部本土作品。

答:《大林和小林》。很多年前的童话。很有趣。有很特别的语言。张天翼是中国最好的童话家。

(2007年5月访谈,2015年8月经被访者修订)

沈石溪 在动物世界里享受纯粹的快乐

让美丽的童话伴随美丽的童年。

沈石溪

作家简介

沈石溪,原名沈一鸣,1952年生于上海。在云南生活了整整36年。已出版500多万字作品。动物小说《第七条猎狗》《一只猎雕的遭遇》《红奶羊》《鸟奴》四次获全国优秀儿童文学奖;其余作品分获中国图书奖、全国优秀少儿读物一等奖、台湾杨唤儿童文学奖、冰心儿童文学新作奖大奖、台湾"好书大家读"年度优选少年儿童读物奖等。

学者点评

沈石溪的动物小说把动物世界优胜劣汰、强者生存的哲学作为自己的旗帜,激荡着一股不甘平庸、傲视一切的雄性力量。把动物当作人物来刻画,想象重于写实,戏剧重于科普。惊险跌宕的情节、动感十足的细节、行云流水般的叙述,像电影镜头一样流畅且历历在目,这些都令他在动物小说丛林中独树一帜。

——汤锐

问：您是著名的动物小说作家,是否可以先跟我们讲解一下,动物小说跟童话、寓言有什么区别?一般小说中也有描写动物的,动物小说跟那类小说又有什么不同?

答：可以说,动物小说是读者面最宽泛的儿童文学品种之一。但并非所有以动物为主人翁的文学作品都是动物小说,需要进行两种区别。第一,那些把不同种类的动物当作人类社会道德观念的形象符号,或当作不同类型人物的化身,让动物进入人类的生活形态,让动物开口说话,仅仅把动物自身的生活形态和行为动作当作点缀或趣味,这一类作品或可称为寓言或可称为童话。这类作品在儿童文学领域中当然有悠久的传统和不可替代的审美价值,但就体裁而言,似应从动物小说这个范畴中区划开来。第二,出于对生态平衡问题的关注,20世纪以来,国外曾出现了一批风靡一时的动物文学。例如,以民间传说作为蓝本进行再创作的、被誉为法国动物史诗的《列那狐》,奥地利作家娅旦森写的《野生的爱丽莎》,加拿大作家乔治·斯汤弗尔德·别兰尼写的《消逝的游猎部落》,捷克作家黎达·迪

沈石溪《双面猎犬》

尔迪科娃写的《跳树能手》，美国作家理查德·阿特沃特夫妇写的《波珀先生的企鹅》等。这些作家长年累月在野外考察，获取了野生动物生活习性的第一手资料，作品别开生面，至今仍闪烁着灿烂的艺术光辉。但就分类而言，可以划入动物故事或动物传记文学。这类实录性作品虽然是以动物为主人翁，着力描绘动物的生活形态和行为动作，其中也不乏有精彩的心理描写，但总体上说，是以知识性和趣味性见长，基本上都是站在人类的叙述角度对动物进行外部观察和命运追溯；虽然在客观描述动物世界时能给人类社会以有趣有益的联想，但这种联想总的说来松散而广义，缺少冲击力。

我自己认为，严格意义上的动物小说似应具备如下要素：一是严格按动物特征来规范所描写角色的行为；二是沉入动物角色的内心世界，把握住让读者可信的动物心理特点；三是作品中的动物主角不应当是类型化的而应当是个性化的，应着力反映动物主角的性格命运；四是作品思想内涵应是艺术折射而不应当是类比或象征人类社会的某些习俗。

问：这么说好像有点抽象，您能不能举例说说什么样的作品是好的动物小说？

答：从这个角度说，美国作家杰克·伦敦是动物小说的鼻祖。他的《野性的呼唤》写一条名叫巴克的狗目睹人世间的冷酷无情，最后在荒野狼群的呼唤下逃入了森林，变成了狼。他的《白牙》写一条狼在主人体贴周到的驯化下克服了野性，最后变成了狗。他的另一个短篇佳作《狂狼》则写动物在高强度的生存压力下野性本能会冲破束缚占据上风。这三部作品都从动物的特性着眼结构故事，对动物行为的自然动机观察入微，蕴含着深刻的哲理，且没有将动物人化的痕迹，堪称真正的优秀的动物小说范本。

沈石溪《第七条猎狗》

沈石溪《第七条猎狗》

问：您当年是怎么想到写作动物小说的？

答：我的第一篇动物小说写于1979年。那时，我在西双版纳军分区任新闻干事。有一天，过去同寨插队的一位同学来串门，告诉我一个消息，寨子里那位为土司养了半辈子大象的老象奴死了。我在农村当知青时和那位老象奴很熟，据说他听得懂大象的语言，能和象对话，再桀骜不驯的野象，经他手调养，也会变成听话的家象。我还曾听他亲口说过，他曾因不忍心让土司来锯象牙而放跑过一头大象。报告消息的那位同学走后，我夜不能寐，老想着老象奴，他养了一辈子大象，死后应当还和大象有点瓜葛，人生才算画上圆满的句号。我觉得被他放跑的那头大象应当从密林深处跑回寨子，在老象奴的坟墓前哀嚎三声，以示祭奠。想着想着，想出一篇小说来，取名"象群迁移的时候"，约12000字。当时我并不知道自己写的就是动物小说，我甚至对动物小说这个概念都没有听说过。稿子写好后，投寄北京《儿童文学》杂志，心里一点把握也没有。不料，半个月就有了回音，主编康文信和小说编辑刘滢来信大大称赞了一番，鼓励我继续写这类有鲜明地域色彩的动物小说。不久，刘滢女士和美编吴银妮不远万里从北京来到西双版纳，当面进行辅导。我永远不会忘记，在橄榄坝小旅馆里，年近半百的刘滢女士不顾疲劳，就着如豆灯光，运用她二十多年的编辑经验，逐段逐段帮我完善短篇小说《第七条猎狗》的构思，直到远方的村舍传来公鸡司晨的啼叫。后来，《第七条猎狗》成了我立足儿童文学的成名作。

当我刚刚写出两三个动物题材的短篇后，《儿童文学》编辑部就决定给我出一本动物小说集。接到刘滢女士写来的信后，我激动万分。出一本书，是我多年来梦寐以求的事，如此良机，岂肯放过。当时我已在西双版纳生活了16年，积累了从事动物小说创作的丰厚的生活素材，写这方面的事，应该说是得心应手的。那时我尚年轻，初登文坛，急于发表，刊物和出版社的需要就是我的写作信条。花了半年时间，我一口气就写出了八篇以亚热带森林为背景的狩猎故事，1985年1月由中国少年儿童出版社结集出版，书名为"第七条猎狗"，第一次就印了10万2千册，很快销售一空。

从此，我跻身于儿童文学事业。

我深深觉得，在很大程度上，作家是由编辑塑造的。编辑的审美眼光不仅会影响作家的选材风格，编辑的火热心肠还会激活作家的灵性。起码对我来说，这是千真万确的事实。

问：人类世界和动物世界，您更了解哪个？更喜欢哪个？

答：作为一个社会人，我当然喜欢人类社会。我爱我的家人，爱所有亲朋好友，爱上海这座城市，也爱我的文学故乡——美丽神奇的西双版纳。但若角色更换，作为一个作家，我喜欢动物世界，形形色色的另类生灵给我创作灵感。在动物世界里荡漾，心特别宁静，尘世间的功名利禄，统统被抛到脑后，享受一种纯粹的快乐。

问： 为了更多地了解动物，在写作前，您一般要做怎样的准备工作？

答： 在动手写一篇动物小说前，我一般会去书店或图书馆，尽可能收集阅读关于这类动物的科学知识。假如有条件，我还会到动物园去观摩这种动物，做一些动物形象的速写，以求将来能更准确地描绘它们。写动物小说，知识颗粒尤其重要。不经意间抖落一些有趣的动物知识，会让作品增色不少。我记得当年写《马戏团的动物明星》这本书时，通过朋友介绍，我到云南阳光马戏团做了两个月义工，观察和体验生活。

沈石溪《狼王梦》

问： 您作品的描写对象大多是狼、猎雕、象、狗等猛兽，情节悲壮，因而有人说更适合男孩阅读，您以为呢？

答： 是的，我的作品里有一种阳刚之气，更适宜男孩阅读。社会

沈石溪《动物小说的艺术世界》

文明进步，野蛮逐渐远离我们生活，这无疑是值得庆幸的事。但是，我们要防止文弱之风浸润民族精神。世界并不太平，我们仍需要勇敢刚毅的男子汉品格。

问：就您的写作体验，您对孩子们的习作有些什么建议？

答：练习写作，并不一定每次都写一篇完整的作品。仔细观察你所要描写的对象，无论是人还是事，写出别人所没有发现的细节，这是很重要的一种锻炼。对文学创作来说，往往细节决定成败。我还有一个建议，学生写作，最好是从诗歌开始。青春应该与诗歌结伴。学生生活阅历有限，写小说恐非强项。而学生激情如火，诗歌的灵魂就是激情。学习诗歌创作，不一定将来就写诗歌，但有过写诗的经历，语言就会锤炼得精致典雅。文学说到底是语言的艺术。有了扎实的语言的基本功，写什么体裁都会得心应手。

问：最后，请给孩子们推荐一部动物小说。

答：芬兰作家约尔马·库尔维年写的长篇动物小说《狼犬罗依》。

（2007年1月访谈，2015年8月经被访者修订）

秦文君　对书籍的感情，对童年的坚守

阅读的人，他的前途是不可估量的，他的力量也是不可估量的……

作家简介

秦文君，1954年生于上海，著名儿童文学作家，中国作家协会全委会委员，上海市作家协会副主席。

作品先后获"五个一工程"奖、冰心儿童文学奖、上海文学艺术优秀成果奖、全国优秀儿童文学奖、全国优秀少儿读物一等奖、台湾杨唤儿童文学奖等，2002年获国际安徒生奖提名。十余部作品被改编为电影、电视连续剧。

学者点评

秦文君是一个写得又快又多又好的作家。许多小读者都熟悉她的《男生贾里》《女生贾梅》等，其实她的作品远不止这些。从较早的《十六岁少女》到晚近的《一个女孩的心灵史》等，都反映着她不断的、多向度的艺术探索。她写得潇洒、轻灵，充满游戏精神的轻喜剧中时时有一种抒情的神韵。

——吴其南

问：秦老师，您好！我们很想知道您小时候的阅读情况，能说说吗？

答：我那时候也是受家庭的影响，有一个环境。我母亲很喜欢看书，当时家庭读书的气氛很浓。家庭有这个环境，我们就比较容易喜欢上了读书。

问：您小时候主要看些什么书？

答：文学书比较多一些，比如《红岩》之类。当时"红岩"的"岩"字不认识，我把"红岩"念作"红山石"，母亲一直笑我。我觉得很有乐趣，尽管不一定完全明白意思。当时是在很自由、自然的情况下阅读的。给我影响比较大的一个老师，是四年级时的祝老师，她是个文学爱好者，特别注重阅读。她每个星期都上一节读书课，读故事给我们听，像《欧阳海之歌》。有时读一半不读了，说等下次再读。我们等不及了，就去找那本书看。后来她给我一张借书卡，可以去少儿图书馆借书，我一次可以借几本。这对我是个很大的鼓励。有一次，

秦文君《天棠街3号》

学校里请来了作家胡万春,这是我第一次见到作家,心里十分激动,这可能对我以后走上文学的道路产生了很大的影响。

问:您所说的,正是当下大力倡导的亲子阅读、师生共读。可惜的是,时至今日,这些理念还没有被更多的人接受。您又是怎么引导您女儿阅读的呢?

答:前不久,我在中央电视台做了个节目,也是说的这个内容。我首先让她找书,先熟悉书。我把适合她看的书找出来放在她够得着的地方,然后让她给我找书。比如,我说,给妈妈拿一本字典来……哦,这不是字典……你给我找一本故事书……慢慢、慢慢地,她就知道了各种类型的书,知道了报纸、杂志。同样的书,我会给她买两本。一本是给她撕的,撕坏就撕坏,不要紧的。但总是给她残缺的书也不好,

戴萦袅《话说我班男生》

感觉书总是破破烂烂的。还有一本好的放在那儿,是读过的书。我就是用这样的方式慢慢培养起她对书的感情的。

在我们家当然阅读的气氛要好一些,我先推荐她读一些优秀的作品,以后可以杂一些。经过前面的积累,她很快就能鉴别作品的优劣,好在哪里,不好在哪里。如果一开始读得很杂很杂,定位就会很低,往往就难以区分作品。现在我女儿发展到喜欢淘书,去旧书店,得跟她约定几点钟在门口集合,否则她不会出来。有人跟我

讲,你这样培养女儿,是要她以后搞"文"吧。其实她喜欢生物化学,她的生物报告写得非常有文采。

问: 您曾经有过五六年的教师经历,这对您的创作是否有影响?

答: 我觉得有相当大的影响。我那时什么都教,语文也教,数学也教,体育也教,有时还教唱歌,我唱歌不好,学了风琴。教书最大的收获是明白了孩子的心理,知道了孩子的认知是什么程度,你怎么讲他就能接受,就能明白。写的时候心里总有一个对象在那里。

问: 您写过那么多人物,自己最喜欢的是哪一个?

答: 这个很难讲。我写了很多作品,年龄跨度比较大,像《十六岁少女》基本是成人作品。应该说小香咕比较喜欢,贾梅也很喜欢,我比较喜欢女孩子。贾里也很喜欢。我写这么多,很难说最喜欢哪一个,都觉得很有意思。

问: 我看过根据您的小说改编的同名电影《男生贾里》,如果电影与书同时摆在面前,您建议孩子先看哪个?

答: 电影肯定是不能够完全

秦文君《十六岁少女》

反映小说的，那是两回事。电影主要是把小说的部分情节表现出来。根据我的作品改编的电影、电视我都不看，（笑）觉得很难受，自己写出来的东西怎么是这样的？

秦文君《男生贾里全传》　　　　电影《男生贾里新传》剧照

问：您的作品既受到孩子们的喜欢，又得到评论界的赞赏，能说说诀窍吗？

答：写作儿童文学其实是很矛盾的，而且这种矛盾始终存在。一是要坚持文学性，文学性已经越来越难让孩子们接受；一是要符合儿童的趣味。我们一直在努力解决这个矛盾，怎么既坚持文学性又顾及孩子的接受度，尊重当代孩子的审美。不少情况往往是，或者坚守文学性，不管孩子的视野之类，或者是不要文学性，只顾迎合孩子的口味。我所做的努力就是在保持文学性的前提下兼顾孩子的接受度，孩子基本上能够跟你互动。两者都想要确实比较难一点。

我的创作分几个阶段，有一个阶段比较唯美，比如《一个女孩的心灵史》，可能在文学性上比较注重一些。后来就又做一些新的尝试，我不愿意总是重复自己，每一部作品都渗透着我的新的想法。

问：我看到您经常应邀做一些学生作文比赛的评委，能透露一些您的评判标准吗？

答：我认为孩子应该天然就会作文。现在条条框框太多，让他们没法写。作文实际就是把心里想的写出来，就是心里的表述。我做过一些作文大赛的评委，觉得作文中假的东西很多。总的感觉小学生的作文比中学生的好些，可能中学的孩子被规范训练得时间长了些。我评判一篇作文，主要看三点，首先看是否有想象力，其次看说的是不是自己的儿童的语言，第三看是否有独特的东西。

秦文君《儿童文学读写之旅》

问：给我们的孩子推荐一两本书吧。

答：《小王子》，它是永久性的，还有《彼得·潘》，这两本应该是必读的书。《彼得·潘》我很喜欢。我觉得这应该是不分年龄、一辈子读的书，小孩可以有小孩的想法，大人可以有大人的想法。

（2004年10月访谈，2015年8月经被访者修订）

黄蓓佳

小船摇向童心深处

让我们一起享受文学带来的幸福。

黄蓓佳

作家简介

黄蓓佳,江苏如皋人,1977年考入北京大学中文系文学专业。发表作品六百余万字,曾获全国"五个一工程"奖、全国优秀儿童文学奖、宋庆龄儿童文学奖、全国优秀少儿图书奖等。所著儿童文学作品有《我要做好孩子》《今天我是升旗手》《我飞了》《中国童话》《亲亲我的妈妈》《你是我的宝贝》《艾晚的水仙球》《余宝的世界》等。

学者点评

黄蓓佳是现在为数不多的坚定地奉行现实主义创作原则的作家。无论是早期的《小船,小船》《心声》等短篇,还是近年的《漂来的狗儿》《我飞了》等长篇,无不使人感到一种"无边无际的纯净和光明"。她写得清澈而又浑厚,既贴近现实又有理想的激情,娓娓的叙说中又有一种催人"脱离动物走向人"(高尔基语)的力量。

——吴其南

问: 黄老师,您从20世纪70年代末就开始儿童文学的创作,一篇《小船,小船》打动了很多孩子。20世纪90年代,您再度回归这一领域,有人说这是您"阔别儿童文学多年之后一次还乡"。您觉得现在的小读者同当年的儿童相比有变化吗?

答: 20世纪80年代的孩子和当今的孩子肯定有很多不同。那时候,孩子们接受信息的渠道相对窄而单一,除了老师和父母的言传身教,书本便是他们唯一的知识来源,所以他们会大量阅读,而且是不加太多选择地阅读。那时候,作家们写出来的儿童文学几乎都受到欢迎,发行量大得不可思议。现在的孩子读书要少了很多,因为他们可以借助更多的方法充实生活,而且学习压力的增大也使他们无暇读很多文学作品。这样,对于一个儿童文学作家来说,如何使孩子们选择并且接受自己的作品,无疑是一个很大的挑战。对于作品本身来说,从内容到文字,其信息量、时代感、节奏的把握、语言的生动性、寓教于乐的手段……都要精益求精,否则写出来的作品一定无人问津。总之一句话,时代在进步,作品也要进步,写出好的作品

黄蓓佳《小船,小船》

越来越不容易。

问：不少孩子看了小说《我要做好孩子》后，觉得文中的金铃就跟自己一个样，感觉特别亲切。您怎么这么了解孩子心理的？

答：有非常多的孩子都说，书中的"金铃"写的就是他（她）。可见金铃这个形象有相当的普遍性和代表性。金铃这个孩子身上有太多的我女儿的影子，因此写起来得心应手，一点都没有费事。我是个作家，作家最擅长的事情就是观察，日常的观察加上感同身受的理解，基本上就能够把金铃这个人物的行为和心理刻画出来。

黄蓓佳《我要做好孩子》

黄蓓佳《中国童话》

问：在您心中，好孩子和好家长的标准是怎样的？

答：我心中好孩子的标准是：有上进心、同情心、悲悯之心，有求知欲，有理想，有比较强的人际交往和协调能力；在家孝敬父母，在外尊重老师和长辈；心胸开阔，对人宽容，乐观开朗。

好家长的标准应该更高一些。

首先，好家长应该是孩子的榜样，要有自己的事业和追求，要求孩子做到的，自己首先要做到，不能够严于责人，疏于责己；其次，家长要给孩子一定的空间，让孩子自由地生长，不要时时事事严防死守，包办代替；最后，要学会理解孩子，痛苦孩子的痛苦，快乐孩子的快乐，陪孩子一起成长。

南京市琅琊路小学儿童音乐剧《今天我是升旗手》海报

问：《今天我是升旗手》洋溢着一种英雄主义、理想主义的情怀，这在当今的儿童文学作品中很少见。

答：我是有感于当今社会中英雄主义的缺失，才写出《今天我是升旗手》的。

在我们成长的年代，充斥耳目的都是英雄主义教育，多得有点过分。到了20世纪90年代以后，英雄没有了，理想也没有了，社会前所未有地功利和

黄蓓佳《今天我是升旗手》

世俗,人的精神萎缩,灵魂猥琐,私欲膨胀,不谈理想,只谈金钱,不讲奉献,只顾攫取,各人自扫门前雪,不管他人瓦上霜。在这样现实得可怕的社会中长大的孩子,要求他们有一个高尚和高贵的灵魂,要求他们将来在发展自己的同时兼顾天下,几乎是不可能的事情。怀抱这样的一种惆怅,我写了"肖晓"这个人物。某种程度上,这是在寄托我自己的一种理想情怀。

问:听说您女儿读初中时,您曾替她写过一篇说明文《我家的书房》,被老师判了个不及格。有这事吗?

答:我的确替我女儿捉笔写过一篇说明文《我家的书房》。那时我女儿上初一,刚学写说明文,她觉得没把握,死乞白赖地央我帮她写。我就写了,竭尽描写之能事,自认为写得很漂亮。结果几天后,女儿垂头丧气回家,说她的作文被判不及格,因为描写太多了。可见作家在写作上不是万能的,也可见作文和文学作品不是一回事。

黄蓓佳《遥远的地方有一片海》

问:您遭遇的这件事看似可笑,其实应该引起我们语文教育工作者的思考。尤其在写作教学方面,无论指导方式还是评价体系都存在值得商榷的地方。在语文学习特别是写作方面,您能给孩子们提些建议吗?

答：在写作方面，我要提的建议只有两点：第一，读书，把读过的东西化为自己的；第二，勤练，边写边揣摩，写到一定的数量后，才会有顿悟，从此得心应手。

问：最后，请您给孩子们推荐一本书。
答：我推荐曹文轩老师的《草房子》。

问：黄老师，上面的访谈还是10年前的，这期间，您又写作了多部广有影响的作品，我尤其对"5个8岁"系列长篇小说感兴趣。这个系列作品贯穿中国的百年，是对作家积累的全方位考验。您能介绍一下这方面的情况吗？

答：我想写一套书，写中国这一百年中孩子们如何长大：关于我们自己，我们的爸爸妈妈，我们的爷爷奶奶，还有爷爷奶奶的爷爷奶奶。在中国的近代和当代历史中，发生了多少值得我们悲喜歌哭的大事啊——辛亥革命、五四新文化运动、军阀混战、国民政府成立、抗日战争、国共内战、新中国成立、文化大革命、改革开放、香港回归……我们的祖辈们在这样一片苦难而又丰饶的土地上长大，应该写的也值得写的故事太多太多。

从何处下手呢？干脆，删繁就简，截取五个不同时代的历史断面，被截到的那个8岁的孩子，就是我的叙述对象，他（她）的日常生活，他（她）

黄蓓佳《草镯子》

童年的眼眸中见到的一切，将依次在我的五部作品中呈现。

截取哪五段历史？其实还是用了心思的，要有代表性，还要能出故事。为此，我查过很多资料。尤其前两本，《草镯子》和《白棉花》，距离我的成长年代都过于久远了，要写出历史感真心不容易；又因为是给小朋友当历史书来看的，不能戏说，不能杜撰，构思的时候的确费了脑子。

（2005 年 4 月访谈，2015 年 8 月补访）

孙建江

「一口寓言」闪耀哲思火花

在阅读中亲近文学,在阅读中感知社会,在阅读中享受生活。

作家简介

孙建江,作家、学者、出版人。在大陆、我国台湾和马来西亚出版过10种寓言集,翻译成英、日等文字。寓言作品曾获全国优秀儿童文学奖、新华网"中国影响力图书"特别推荐奖、冰心儿童图书奖、文津图书奖推荐图书、台湾中小学生优良课外读物推荐图书等。中国寓言文学研究会成立三十周年庆典之际,被授予"中国当代寓言家"称号,《美食家狩猎》获颁"中国当代寓言名著",《山和雾》获颁"中国当代寓言名篇"。

学者点评

在儿童文学的各个门类中,寓言是一种从不放弃其确定的精神指引意图的文体。每一则寓言都呼唤着读者到故事里领取一个精神的内核。在孙建江的寓言里,我们看到,这样一种坚持是与这一文体的文学追求同时得到展开的。

——方卫平

问：孙老师好！您是知名出版人、儿童文学理论家，但今天，我想请您主要以一个寓言作家的身份，谈谈跟寓言有关的话题。或许是出版和学术方面的成就过于突出，多少有点掩盖了您作为重要寓言作家的身份吧。

您是什么时候开始寓言创作的？最初是什么激起了您的创作热情？

答：我是1984年开始寓言创作的。创作的原因似乎很简单，那就是当时我所在的出版社正好创办了一份

孙建江《二十世纪中国儿童文学导论》

《寓言》辑刊，我是责任编辑，特约编辑是著名寓言作家金江先生。金先生对我说，你是《寓言》的责编，自己也应该写点寓言。我想，是啊，为何不也写点寓言呢，加之自己对寓言创作现状也不是太满意，就开始写起了寓言。这一晃，也三十多年了。

问：对寓言创作现状不是太满意，具体指哪些方面呢？

答：模式化，程式化，简单化；墨守成规，相似雷同，创新意识匮乏。不少作者缺乏写作天分和文学悟性，又想搞创作，认为寓言短小好弄，就都拥到寓言创作上来了。这客观上也拉低了寓言创

作的整体水准。其实,真正好的寓言是需要大智慧的。

问:您认为好的寓言是怎样的?

答:好的寓言有不少标准,每个人因自身的知识、文化、审美、兴趣等的不同又有各自的偏好。我喜欢的寓言,往简单里说就是:新颖别致,耐人寻味。

孙建江《美食家狩猎》

问:与童话、小说、诗歌比较,寓言显然是寂寞的。提起寓言,人们想起的多是中国古代寓言,和国外的寓言三大家,伊索、克雷洛夫、拉·封丹,您认为产生这种现象的原因是什么?

答:主要原因恐怕还是时代使然。每个时代有每个时代盛行的艺术形式,这涉及社会整体发展水平、认知程度、审美取向、阅读兴趣、时尚风潮等。就像诗歌之于唐宋,杂曲之于元明。坦白说,我以为寓言最盛行的时代应该已经过去了。曾几何时,听戏看戏是人们茶余饭后的首选,如今已让位于电影、电视,而电影、电视又可能会让位于网络。但戏剧这个形式是不会消亡的,它依然有自己的特定读者和观众。寓言也一样。寓言这一艺术形式不会消亡,寓言有自己特定的读者。只不过,像你说的比较寂寞一些而已。所谓"虽小却好,虽好却小",寓言是也。

问:随着微博的兴起,出现了"微童话"这一形式,将故事的叙述限制在 140 字内。以短小作为标志之一的寓言同微童话有什么区别？

答：童话和寓言本来就缠缠绕绕、难分难离，往往你中有我，我中有你。如果再加上一个"微"，恐怕就更难区别了。不过细究起来，也还是有所不同的。主要的不同，恐怕在于：微童话更讲究情节（往往是潜在情节）的设计和细节、氛围的营造，而寓言则多注重哲理的传递和表达吧。

问：我注意到，您创作了不少"一句话微寓言"，还同我国台湾名家林焕彰先生合作了微寓言集《试金石》，能介绍下背后的故事吗？

答：我写一句话微寓言的时间和我写常规寓言的时间差不多，都是在 20 世纪 80 年代中期，最早一组一句话微寓言发表于 1987 年 5 月的上海《少年报》上。写微寓言，属无心插柳，只是觉得这种一句话就能击中要害的形式很别致，就陆陆续续写了一批。作品在大陆陆续发表后，反响不错，时常被转载，邀稿的也不少。有的寓言邀稿者还会特别注明：请惠寄一句话微寓言。我国台湾《民生报》《侨教双周刊》将这批微寓言改用专栏的形式和固定的版面定期刊出，美国、马来西亚的中文报刊也陆续转载。我国台湾及海外报刊转载时分别以"一句话寓言""珍珠寓言""微型寓言"称之。日本翻译家中由美子见到这些微寓言后很喜欢，将其

孙建江《试金石》

译成日文刊发于日本的刊物,她为这些寓言取了一个很日本的名称,叫作"中国一口寓言"。最早结集的微寓言集叫《青蛙·木偶·哈哈镜》,由台湾民生报社于2001年4月出版。在大陆出版第一本微寓言集的时间是2013年1月,由福建少年儿童出版社出版,也就是你提到的与林焕彰先生合作的《试金石》。之所以这么迟才在大陆出版,原因主要在我自己,我不想匆匆结集出版,而是想出得精美一些,有品质一些。具体来说,我是在等待一种能与之相配的画的出现。2010年秋,机会来了。时值"国际华文儿童文学研讨会"在杭州举行,与会的焕彰先生获知我有意寻找微寓言插画时,当即应允愿承担所有插画工作。焕彰说,他也正想为自己的画找一种特别的文字来搭配。一句话微寓言正是他期待已久的文字。近年来,焕彰迷上了一种他称之为"撕贴画"的画种,既撕又画,乐此不疲。每次得焕彰手书信札或新著,都会见到他随附的这种"手撕画",甚是喜爱。用这样的画来配我的微寓言,可谓绝配。只是倘以一文一图计,全书须有一百二十多幅图,如此多的图量不耗用专门的时间和精力应对是不行的。所以焕彰应允为微寓言插画,自然大喜过望。正所谓"踏破铁鞋无觅处,得来全不费工夫"也。微寓言总算找到心仪的插画了。随后,这本被誉为国内"首部文图微寓言"的书顺利面世。该著作面世后,反响不错,获新华网"中国影响力图书"特别推荐奖、冰心儿童图书奖、文津图书奖推荐图书等。

问:"一口寓言",这个名称好别致,也很形象。听说,您女儿也走上了文学之路,作品颇受好评。在她小时候,您指导过她的阅读和写作吗?

答:承蒙夸奖。女儿孙雪晴在大陆、台湾、香港和美国、法国、泰国等发表过一些作品,出过四五本书。获过一些奖,作品选入过一些教材教辅,包括香港小学语文课本等。她倒是从小喜欢看书和涂涂写写,小学三年级开始发表习作。对她的阅读和写作,我基本上是持引导加放任的态度。你知道,我自己是做儿童文学研究和童书出版的,见过不少早慧的小作者,很多人当时的确不错,但长大后才气全无。也有些小作者,长大后兴趣转移了,不再热衷写作。这些情形都不是个案,可以说还挺普遍。

孙建江《飞翔的灵魂——解读安徒生的童话世界》

所以,我对女儿的阅读和写作是清醒的。引导主要是提供一个大的方向,包括为她提供一个宽松的学习环境和一些优秀精良的读物;放任则主要还是想看看她的兴趣是否持续,如果随着年龄的增长,她不再有写作的兴趣,那就顺其自然,决不强迫她做这做那。写作是件很消耗脑力和体力的活儿,如果没有兴趣还要硬写,那太痛苦了;如果没有兴趣再加上天资平平还要硬写,那就更要命了。好在对于写作,她的写作冲动一直都有,如今念到博士了,写作兴趣依旧。

问:最后,请给孩子们推荐一部寓言作品。

答:就推荐不久前去世的前辈寓言作家金江先生的《金江寓言选》吧。

(2015 年 8 月访谈)

郝月梅

笑看"捣蛋鬼"和"小麻烦人儿"

阅读温暖童年,好书照亮人生。

作家简介

郝月梅,齐鲁师范学院中文系教授,中国作家协会会员。著有"小麻烦人儿由由"系列、"王闹一定有办法"系列、"不一样的杜小都"系列等儿童小说三十余本。其中,《小人儿由由》先后被中国儿童电影制片厂、中国电视剧制作中心购买改编权。作品曾获中华优秀出版物奖图书奖、齐鲁文学奖、泰山文艺奖、山东省文艺精品工程奖等奖项。多部作品被国家新闻出版总署评为向全国青少年推荐的优秀图书。

学者点评

《小麻烦人儿的麻烦事》中,一个个小故事自然而又多侧面地展示了由由自由活泼的天性和美好善良的品质。从这些洋相和笑话中,我们感受到了一个天真生命的成长,感受到了这种成长过程中所包含的许多美好而又温暖的人生内容。

——方卫平

问：您塑造的六年级男生王闹很有意思，名字就很好玩。您怎么想到为主人公取这个名字的？

答：王闹这名字源于一个小名叫闹闹的女孩。她是我女儿小时候的朋友，经常来我家玩，每次来都怯怯的，说话声音很小，动作也轻。文文静静的小女孩竟然叫闹闹，这让我好奇，想：是不是她在家里挺能闹腾呢？问闹闹母亲，得到的解释是：孩子太

郝月梅《搞笑鬼王闹》

乖了，乖得让她心疼，取名闹闹是想让女儿活泼一些。由此我记住了这个名字。创作"王闹一定有办法"系列小说的时候，觉得这个"闹"字特别符合作品中主人公的性格，就给他取名王闹。

问：王闹这样的孩子是您理想中的男孩吗？

答：不完全是。王闹只是我要表现的一种类型的孩子。我理想中的孩子会在我的下一个系列作品里出现。

应该说，王闹这一形象是生活赋予我的，也凝聚着我对生活的思考。

郝月梅《高第街56号》

女儿上小学时，经常回家讲她班上一个调皮男生的笑话。某天，我去学校给女儿送伞，特别让女儿指给我看看那个男生。女儿指向那男孩的瞬间，他正好也看到了我，脸倏的就红了。那一瞬，他的眼神给我留下了极深的印象：这绝对是一个不坏的男孩！

虽然以后关于王闹的小说中有许多是我虚构的，更深的追溯来自我对童年调皮男生的记忆，但那一刻，我的确感到对这个男孩悟透了，对小说主人公的性格也有了清晰的把握，我知道他在什么情状下会做出什么事情来，除了不太愿意学习，这应该是一个非常可爱的男孩。

王闹能让小读者喜爱，大约不仅仅是因为他幽默，更在于孩子们能从王闹的身上看到他们自己。因为，千千万万的中国孩子都像王闹一样，正生活在应试教育的重压之下，王闹的处境能引起他们的共鸣。但王闹又比一般孩子活得潇洒，总能一招不成再生一招地与令他心烦的老妈斗智斗勇，让自己快乐成长。

也许正是因为这一点，王闹能够让许多小读者向往，从而使他具有了一定的偶像素质。我想，中国的小孩子是需要偶像的，但是，这偶像不应该仅仅属于考试高手，也应该有王闹这类孩子，他们身上虽然有着这样那样的小毛病，但不乏正直和善良、阳光和童趣、智慧和想象，谁能说这样的孩子将来就没有作为呢？

问：现实生活中，王闹是很多男孩子的一个侧面，您对他们有什么建议或祝福？

答：对家长的"唠叨"和"管教"，要多一些理解和沟通，少一点心烦和抵触。愿王闹们得到更多人的理解和欣赏，祝王闹们健康快乐成长。

问：听说小女孩由由的原型是您女儿。可以透露点长大了的由由的情况吗？她怎么评价"小麻烦人儿由由"这套书？

答：我女儿是一个能够按自己天性发展的孩子，长大以后的她正在做自己喜欢做的事情。女儿非常喜欢这套书，说这套书可以把她带回童年，她觉得自己的童年很快乐。

郝月梅《小麻烦人儿由由——我会长大胡子吗》

问：就像您的书名所说，很多孩子确实是"小麻烦人儿"。作为教师、家长，您认为应该怎么对待这种"麻烦"？

答：理解、宽容、欣赏、适当引导。

其实，许多孩子制造的"麻烦"是出于天性而非故意顽劣。因为这个年龄段的孩子精力过盛、手脚闲不住，他们对这个新鲜的世界充满好奇，就制造了一些在大人看来比较"麻烦"的事情。作为教师或家长，如果能够意识到这一点，就能够对孩子有宽容之心，变心烦为欣赏，甚至会从这些"麻烦"中发现孩子身上的闪光点。

欣赏得有一定的距离，身陷"麻烦"之中的家长或教师恐怕很难做到欣赏，宽容一些还是能做到的。只要这些"小麻烦人儿"不是品行恶劣，就尽量不要压制、训斥，按我们自己的标准来管教约束他们，让他们能有一个生存环境相对宽松的、可以施放天性的童年。

当然，教师或家长在孩子的成长过程中，也不能任其"麻烦"不断，一味宽容，听凭自然。最好能设法将他们过盛的精力和好奇心引导到学习或者有意义的事情上去。如果引导得当，这样的孩子将来可能会更有创造性。

问：您的作品总体比较幽默轻松。这是您个人的写作风格，还是认为这就是儿童文学的基本面貌？

答：个人的写作风格占一定成分，作品内容的需要也是一定的因素。因这两个系列的主人公都是阳光快乐型的孩子，感觉这种风格与作品内容比较和谐。

我觉得轻松幽默应该是儿童文学的基本面貌，尤其在当代，尤其在中国。因为现在孩子们的生存压力非常大，暑假期间，不少孩子来信都谈到期末考试成绩不理想遭父母责骂的事，有的小小年纪竟要离家出走！这些孩子在信中坦言自己不快乐，感谢我的作品给他们带来了快乐。我觉得，儿童文学有责任为孩子们减压，让孩子们的童年能快乐些。

郝月梅《不一样的杜小都——作文为啥不及格》

从另一个层面讲，儿童的生理、心理、年龄特点及娱乐文化的影响，也使孩子们喜欢接受轻松幽默的作品，儿童文学应该满足小读者的这种审美需求。

问：您认为幽默与"搞笑"有区别吗？
答：有区别。二者的区别在于：幽默是天然的、智慧的、有味道的；搞笑则是浅层次的、有意为之的、乏味的。

问：写了这么多儿童文学作品，您感触最深的是什么？
答：童真是最宝贵的，它是一种单纯，也是一种深刻。孩子像一面镜子，可以照出大人身上的瑕疵，让我们反省自己，更深刻地认识生活。

问：您认为什么样的作品是优秀的儿童文学作品？按照这样的标准，请给孩子们推荐一本书。
答：优秀的儿童文学作品是向美、向善的，且具有较强的可读性，能做到文本与小读者的和谐统一。即文本能够满足小读者的审美期待，吸引他们阅读，只有儿童读了，才能实现文本的价值。否则，作品的艺术含量再高，思想再厚重，对儿童读者的作用也是个零。

具有可读性的儿童文学，应该是故事、趣味、幻想三位一体的文学。故事是内容的载体，趣味是故事追求的效果，而幻想是营造故事的重要思维方式。或者可以简单地归为一句：有趣的故事。

按照这个标准，我给孩子们推荐美国作家 E.B. 怀特的《夏洛的网》。

（2007 年 9 月访谈，2015 年 8 月经被访者修订）

冰 波

还记着尾巴在水里甩动的感觉

如果你是鸟,天空因你的飞翔而广阔;如果你是鱼,大海因你的遨游而涌动。

作家简介

冰波，本名赵冰波，杭州人。现供职于浙江文学院。国家一级作家，中国作家协会会员，杭州市作家协会副主席。出版童话170余本，2000余单篇，动画片剧本130余集。获全国优秀儿童文学奖、全国"五个一工程"奖、国家图书奖、宋庆龄儿童文学奖、冰心儿童图书奖。

学者点评

从清丽、抒情到凝重、哲理，从幽默、诙谐到荒诞、狂野，冰波童话的艺术巡游奔放而又完美。今天，冰波给我的印象是，他对童话艺术的领悟已经跃升到了一个新的境界，在探索童话美学新的可能性的时候，他显得智慧而又大气。

——方卫平

问：有人说儿童文学作家其实都是心性意义上的儿童，请问您保持童心的秘诀是什么？

答：我尽量变成儿童。有人说应该蹲下来与儿童对话，我认为不够，因为蹲下来只是装成儿童，其实仍是大人。我希望能"变"成儿童。蝌蚪长成青蛙之后，它还记得尾巴在水里甩动的感觉吗？或许有的记得，有的不记得了。我是那只还记得的青蛙。

问：许多评论者都称您是中国"抒情派"童话的代表人物，孙幼军先生就说您是"诗人的气质渗透在童话中"。但最近几年，您的作品风格变得奇特、风趣幽默，似乎该归入"热闹派"了。这两种风格，您自己认为更适合哪种？

答：不该"归入"热闹派吧？以《阿笨猫全传》为例。我认为"阿笨猫"它不热闹，它的故事结构是非常严谨的，情节发展是非常富有逻辑性的。我不认为这是"热闹"。如果说这也是一种风格的话，那两种风格我都适合。

问：那就暂且把这种风格杜撰

冰波《阿笨猫全传——发明家金哥》

作"阿笨猫型"童话或者"逻辑童话"吧？记得您说过自己写作时全身心投入，创作每个物象前大脑一直在沉静地冥想。您举例创作《小青虫的梦》的情景时说："我曾经注视过一条在树枝上爬的小毛毛虫，背景是月光。当我凝神注视它时，我忽然获得了一种特殊的感受：我觉得它很悲哀，它是怀着一种忧伤，在向什么离去……毛毛虫爬动时垂头的姿态，六只小脚波浪似的悄无声息的起伏，以及宁静的月光，给了我以上的感觉。于是，我慢慢地不存在了，我成了那条悲哀的毛毛虫……"这种创作状态真是一种诗意境界，我想知道的是，现在您创作"阿笨猫型"童话时还会有这种状态出现吗？

答： 会有的。特别是某些特别感性的作品。但较之以前少了许多，因为我写抒情童话的比例有所减少。但写某些作品则不会，比如"阿笨猫"。写"阿笨猫"更像纯逻辑思维。

问： 有一回在网上瞎逛，竟然撞入了您参与的两个BBS。据我所知，跟您同龄的儿童文学作家似乎并不习惯这样的交流方式，您怎么成了例外？

答： 哈哈。不知你说的是哪两个BBS，其中是不是包括童话网？如果是，你也知道我的"马甲"了？跟我同龄的作家，不知还有谁在玩网络游戏？我曾经玩得很疯，我的ID都能玩到上排行榜。玩过"网游"的一定会有体会，要玩到上榜，那有多难。可见我疯的程度。原来只是想儿童文学作家应该了解"网游"，没想到深陷其中难以自拔。说好听了是我有童心，说难听了是我有性格缺陷。呵呵。现在我玩博客，欢迎来访。

问： 出现在网络这一平台上的冰波，让我们看到了您的另一面，感觉更真实，更亲切，更随性。而跟《蓝鲸的眼睛》这些作品联系在一起的冰波似乎是朦胧而神秘的。不过也不希望您过于沉迷其中，过多占用了您给孩子们讲故事的时间。

答： 你说得太好了。网络游戏太害人了。呼吁看到这篇文章的不管是大人还是孩子，如果你在玩，那么赶紧戒了吧；如果你的孩子在玩，则想办法让他戒了吧。请千万记住，网

冰波《蓝鲸的眼睛》

络游戏猛于虎啊，它偷我们宝贵的生命时间。玩玩单机版电脑游戏还可以，至少可以说停就停，最容易成瘾的是网络游戏。我现在是戒掉了，我把戒它看成是完成了一项重大工程，这也可以看出，迷上之后要戒掉确也不易。

如你所说，你在网络上看到我，可能更真实些，或者说立体些。而写作品时，因为身心沉浸其中，那个"我"已经融汇到作品中的人物或者场景里去了。

问： 现在的孩子大多沉迷动画片，您是中央电视台热播动画片《阿笨猫》《小神仙和小仙女》的编剧，您怎么看待这一现象？

答： 你提到的两个动画片并不成功，远不如我的文本出色。迷动画片是孩子的天性。但我认为，沉迷动画片一样有害。人在看电视的时候，大脑活动是被抑制的。最能让人聪明的事是看书。阅读，

永远是聪明人的选择,并且能让聪明人变得更聪明。

问: 想象和幻想是童话的生命,也是童年的幸福,可现在孩子们的想象力似乎正在萎缩,这是为什么?

答: 原因当然有很多,但现行的语文教学也有相当的责任。如果所有的语文教学都能像你们那样注重阅读,注重文学,那就有救了。摘抄我博客上的一句话:"当写作抽去了文学,或者文学只是变成了什么'好词好句'时,写作还有什么意义?"

问: 因为母亲的影响,您从小就对作家充满了向往。您愿意给那些正做着文学梦的孩子们一些什么建议?

答: 孩子一定要做文学梦。做文学梦不一定是为了将来当作家,而是为了提升孩子的综合素质。亲近文学,就是亲近高雅,亲近高贵。我的道路,确实是受了母亲的影响,因为她在我还没有上学时就告诉我:"你将来要当作家,我已经把你的笔名取好了。"我想说,这是一种暗示,暗示的力量是很大的。同时,我想告诉孩子们:要珍惜家长、老师对你们所寄的希望,因为这是一种力量。力量,就是获得成功的保证。

《窗下的树皮小屋》,冰波/文,朋鸟三告/图

问: 您在自我介绍时,常说小时候"内向性格""自卑",这样

的孩子现在也并不少见,您想对他们说些什么?

答:内向性格和自卑,常常被人误以为是缺点。不,其实这只是性格类型。就像黑和白,我们永远不能说哪个更好看一样。内向性格容易多幻想,而自卑倾向容易笨鸟先飞和脚踏实地,这些都不是坏处。我感谢自己性格内向,我因此而多了许多静静独处的时间用来想象和学习;我也感谢我的自卑,因为我一直会觉得自己还不够好,因此我会更加努力。我想告诉有内向性格和自卑倾向的同学,如果你去当艺术家(不一定是作家)的话,会特别棒的。嘿嘿。

问:请给我们的孩子推荐两部作品,国内国外各一部。

答:国外的,德国作家奥·普雷斯勒的《大盗贼》;国内的,曹文轩的《草房子》。

冰波《狼蝙蝠》

(2006年4月访谈,2015年8月经被访者修订)

方素珍
撒播书香的种子

写好书，读好书，就是为世界做一件美丽的事。

作家简介

方素珍,我国台湾宜兰人,辅仁大学教育心理系毕业,著名童诗、图画书作家,儿童阅读推广人,曾任海峡两岸儿童文学研究会理事长。作品有儿童诗《明天要远足》、童话《真假小珍珠》、图画书《祝你生日快乐》《外婆住在香水村》《我有友情要出租》《胖石头》《妈妈心·妈妈树》等。曾获洪建全儿童文学奖、杨唤儿童诗奖、《国语日报》儿童文学牧笛奖、《联合报》年度最佳童书奖等。

学者点评

在海峡两岸儿童文学界,她被许多人亲切地称为"小方"。小方是一个天生的儿童文学作家——快乐、率真,心中充满了对儿童、对世界的温情和思索。她的作品正是她天性的率真流露:天性活泼而又温暖人心,天真可爱而又不失深邃。

——方卫平

方素珍握手"花婆婆"

问：方老师，我们先从您的一个雅号谈起吧，现在朋友们都叫您"花婆婆"，这是为什么？

答：美国绘本家芭芭拉·库尼创作的 *Miss Rumphius*，我有幸把它翻译成中文版《花婆婆》。每次我在校园演讲中提到这本书，总是获得很多回响。我自己非常喜欢花婆婆这种到处撒种子的行径，也期许自己是个花婆婆，把儿童文学像花种子一样到处传播。久而久之，大家就封给我这个美丽的外号啦！

问：您是怎样踏上"阅读推广"这条路的？

答：1990 年前后，我时喜时忧地走上这条"阅读推广"的小路。

方素珍《绘本阅读时代》

当时我发愿一年至少购买50册绘本,一年精读200册绘本,加上参加国际大型书展(如意大利博洛尼亚国际儿童书展、台北国际书展等)现场翻阅的,大致数一下,也有上万册了。现在我又给自己未来十年飞来飞去的时间去学习,要读的书就更多了。很多人都说家里书架不够大,不能再买书了。其实,我们的内心就是空间无限的书柜,永远有空位来容纳下一本童书。

台湾企业的员工这几年也是被"阅读"感动,纷纷自动组织志工到偏远地区去讲故事。例如,台湾数一数二的大企业——"台积电"公司,他们热心地赞助阅读,不但每年花台币一百万元买书送给偏远地区的孩子,还派出志工到校园讲故事,等于给孩子一对可以飞出低谷的翅膀。这批美丽帅气的队伍还认领了一百所小学。他们利用假日进修说故事技巧,然后到自己负责的小学讲故事、演故事、导读童书……近来,台湾也有大学生和高中生加入推阅读、说故事的行列。我尽力地参与培训这些小小的种子,他们是未来的希望,我很有耐心地等着它们一朵朵盛开……

我对大陆一样有十足的信心和浓浓的热情,也很乐意与大家一起努力。相信几年内我们就可以让阅读的种子"遍地"开花。

问:台湾的校园阅读推广主要有哪些形式,能否简单介绍一下?

答：自 2000 年开始，台湾的教育文化单位积极地补助校园阅读活动经费，校方则根据学校特色和小区资源来办理推广，以下举几个案例。

书香周：与书商或出版社约好在校园做一周的展示和研习，举办"与作家有约"的活动、做书本导读和给予优惠的书价，鼓励老师、学生和家长买书、看书。

校长教事屋：校长亲自带动，在办公室内布置一角，利用中午时间，让小朋友登记听校长说故事，或者说故事给校长听。

结合小区资源：发动临近夜市摊贩捐款送书，配合学校推广阅读，"你读好书，我做公益"。

全校共读时间：每一周固定一个时间全校共读，每个年级要读的书由师生共同挑选，每学期也会请作者、画者或编辑到校演讲分享，有的学校还特聘驻校作家。

阅读列车：校与校合资买书，互通有无，好书交换。

晒书节：类似跳蚤市场，把家里的书拿到学校和同学互相交换阅读。

亲子阅读讲座：家长重阅读的观念很重要，所以学校会利用晚上或周末假期另开亲子讲座。

亲子手制书大赛：亲子一起读书做书，增加感情，强化手脑并用能力。

你买书我买单：校方对模范生的奖励改成送书，在限定额度内，带学生到书店挑书。

阅读坊命名：童诗花园、童话走廊（把诗或短篇童话写在立牌上，插在花园里，下课后师生可一起赏花、吟诗、说故事）。

读书心得比赛：找出版社配合提供奖品。

小小说书人：小朋友说故事给全校听。

阅读策略联盟：联合外校合办阅读活动，资源共享。

班级博客：利用网络记录班级阅读相关讯息。

培训故事妈妈，到班说故事：利用晨光时间到各班说故事，也是家长资源共享的一种方式。

阅读不是天生就会的，我们还可以陆续想出各种花招来吸引更多的师生、家长走进美丽的阅读花园。

方素珍手制"毛毛虫"书　　　　　方素珍《花儿卖香水》

问：近两年，您在大陆一些城市进行阅读推广的观摩教学，您的轻松、幽默、富有童趣的课堂给大陆教师留下了深刻的印象。台湾的课堂都是这样的吗？

答：呵呵，当然不全是喽！我是用作家进课堂的模式推阅读，可以比较轻松地和孩子互动。而平时，台湾的老师在课堂一样要赶着把课文教完，学生一样要应付一连串的考试评量，像我的小儿子，一直受这种应试教育之苦，我们的亲子关系也很紧绷（其实只要是亚洲人都有这种现象，日本、新加坡也一样）。因为大家要竞争啊，想要出头就得一路参加考试，过关斩将。课本都教不完，怎能怪老师不和学生共读、大声朗诵、快乐讨论呢？为了拼成绩，几乎每周都在进行分数排行榜，如果各科成绩达不到一个程度，是很难成为一位"被肯定的好学生"的。我自己在中学成绩也不好，我总是安慰自己，只要能低分闪过就好。因为我的心灵和脑子对艺术人文和语文比较有兴趣，所以我会多花一些时间在课外的研读上。幸运的是，我遇到不错的老师，不会瞧不起我的烂成绩。我的小儿子可没有这般幸运，他在初中时学业成绩不佳，常引来老师、同学异样的眼光。为了让他减轻痛苦，我们只好先"吐出养老金"，把他转到一家高学费的美式学校，让他脱离天天考试的梦魇。

我示范的这种教学法是一种机缘吧，当大家都对教学纳闷的时候，我这种"轻松的课堂"只是提供另一种教学法的思考而已。我们唯一能做的，就是辛苦点，找时间和孩子来点创意的沟通，来点不一样的课堂，能影响多少算多少吧！

问：您刚才说到了小儿子的情况，您辅导过他的语文吗？

答：我的小儿子是听觉型的孩子，从小只爱听我说故事，他自己不爱看书，更别提写作了。即使他上的美式学校，一样要上中文课，一样要写作文，他只好硬着头皮加强语文能力，每周我会找几篇报上的文章，分析给他听。有时候为了让他不至看到作文题目不知从哪里下笔，我还让他抄范文的题目和第一段文字，趁机会多认识字，也比较熟悉看到题目时知道如何起头。

问：他现在还读您的书吗？孩子们对您作品的评价怎样？

答：他们从小就是我创作的灵感，也是我的第一个读者，觉得妈妈写的故事真是了不起，但现在长大了，不看童书了，比较关心妈妈的版税和稿费了（哈哈！）。

问：您曾调侃自己"四十'高龄'却有十岁'童心'，当然，没有二十岁的'美貌'啦！专职是家庭'煮'妇"。您保持童心的秘诀是什么？

答：我喜欢和小孩子聊天、看孩子们玩……看见或想起小孩子天真无邪的笑容，我的心自然就开开朗朗了，即使现在是个老婆婆喽，还是爱做白日梦，甚至幻想有一天会捡到神灯，赐给我三个愿望，我还草拟了各种愿望哦！对世界永远抱着好奇心，是保持童心的秘诀之一吧！

方素珍《我有友情要出租》

方素珍《祝你生日快乐》

问：想起老诗人圣野先生评点您的诗时说的话，"方素珍的周围，似乎活着一群淘气的孩子。她的诗笔点到谁，谁就有一种可爱的样子"。我发现您创作的图画书既有童趣也很有味道，耐人琢磨，像《我有友情要出租》等，而《祝你生日快乐》等书被有关教育机构列入"儿童生命教育参考书籍"。您是先有了某种理念再寻找合适的故事来表现的吗？

答：是在生活中遇到令我感动的题材，再把它化成文字，然后找画家合作，制成图画书。比如《我有友情要出租》，我记得当时是在逛街，看到许多房屋招租的广告，我就胡思乱想：有房子的人要出租房子，没房子的人要租房子；有情的人要出租友情，没朋友的人要租友情……越想越觉得这种延伸想法很有意思，回家后就把它写成了一篇童话《我有友情要出租》。1999年，台湾的一家出版社希望我把这篇童话重编，于是我请好友郝洛玟合作，她花了一年多的时间，在没有任何收入的情况下完成绘图。绘本版《我有友情要出租》终于在2001年出版，2006年6月大陆简体字版也正式上市。虽然大部分文友说这篇童话是我重要的作品之一，但是，郝洛玟把童话中的大猩猩画得活灵活现，充满童趣，还有她在书中加入的小老鼠及森林中隐隐约约出现的动物，更是为这本书增加了不少趣味。

问：最近几年，您一直致力于图画书的创作和介绍，您认为图画书在孩子的成长过程中起着怎样的作用？

答：我们常说现在的小孩没有抗压力、挫折容受力，我想那大部份是家庭宠出来的。我常鼓励家长、老师利用相关的图画书，从小给孩子灌注一些观念，让他们耳濡目染、潜移默化，哪天若遇上相似的问题，他内心的小精灵就会浮上心头和自己对话、慰藉无助的心绪。

问：有人认为低幼孩子年龄小，理解水平低，给他们写故事最容易了，特别是图画书，字数很少。以您的创作体验，是否赞同这样的观点？

答：呵呵！当然不能赞同啦！我们的小主人可没那么容易搞定，字越少越难表现呢！很多家长以为字多才划算，其实图画书蕴含多元智慧，有慧眼的家长才懂得选读。

方素珍《怪兽的字典》

问：从酝酿到定稿，您写一个作品一般需要多长时间？

答：平常就要到处收集题材、酝酿感觉，并且用一些小纸条写下来，免得忘记了。等到有出版社向我邀稿或是我主动想创作一篇稿子时，我就把小抄拿来看看，开始在计算机上打初稿，然后放个一两天，再回头仔细修正。有时候下笔快，一个晚上就可写几首童诗或一篇童话，或是一周就可完成三千字的图画书故事，交给画家去画图。但因为要和画家不停地沟通内容和版面，我偶尔也要修正自己的文字，所以做好一本图画书至少要一年。

有时候写好的稿子放了两三年，突然有一天，发现那篇题材很符合当下的时势，我就把稿子重新润饰一番，如果再加上与画家讨论的时间，并绘图完成到出版，可能都得花上五年的时间呢！

方素珍《你想要一颗星星吗？》

问：诗歌讲究跳跃性，而图画书故事需要情节的完整连贯，您这支诗人的笔怎么转换成去写图画书了？

答：诗人脑海中本来就有很多美美的画面，只是用很简单的文字表现出来。而图画书也需要很多画面，以便和画者沟通，我会先把故事写得有头有尾、有枝干有血肉，然后试着把图画书的故事说给家人或文友听，如果他们反应不错，我再把故事写得更完整后交给画家，接着一起讨论要如何完成这本图画书。

问：您前几年开始参与台湾康轩版《国语》教材的编写，你们这个编写团队的人员组成是怎样的？以一个儿童文学作家的身份，您在整个编者队伍里主要承担哪部分工作？

答：康轩公司是台湾最早聘请儿童文学作家编写教科书的公司，

课文由5位儿童文学作家编撰改写（马景贤、陈木城、方素珍、洪志明、冯辉岳）。习作和教师手册编写组，是另外找学者、专家和小学校长、老师组成的，有时6位，有时7位。

我参与编写一年级到四年级上学期的课文。每位作家负责撰写两三篇课文，每周找时间开会，讨论撰文的方向和修正内文的一字一句。

四年级下学期到六年级下学期的课文，改由另一位作家柯作青女士接替我的位子。因为我比较擅长写中低年级的课文，所以，我写完四年级上学期的课文后，就辞去了编委的工作。另一个原因，是我喜欢自由自在地创作，但是编辑课文，并非直接把儿童文学作品选进去就可以，为了配合语文教学的生字和字词，所有课文都要经过作家改写，也就多多少少失去了"原文的原汁原味"；尤其是教科书仍需受制于最后一关——"教育部国立编译馆"的审查，才可以拿到出版执照。记得有一回，编译馆坚持要我们把其中一篇抽换，那一篇是我们5位作家共同创作出来的，我们认为很有文学质感的"课文"。我们虽然想极力护航，但是其中一位编审语重心长地说："你们别忘了这是教科书，不是儿童文学作品。"言下之意，作家只管文章美不美、动不动人，却忘了课文是语文教学的工具。

台湾目前有好几家出版公司在编教科书，主要由康轩公司、南一公司、翰林公司平分市场。南一和翰林也是按康轩的模式，聘儿童文学作家参与编课文，或是大量选用儿童文学作品编进课文里，不过每篇课文都是经过修改的。我当然很希望教材能够全面儿童文学化，而且是经典的作品一字一句原汁原味引进教科书中，但是这只是理想罢了，因为生字、字词及造句，有难易的问题，无法选到恰如其分的儿童文学经典作品，即使选了一篇大家公认的美文，结果也要因为字频的关系必须删修而失去了原味。所幸，台湾因为推全民阅读，很多智慧可以从课外书中获得，我就不那么苛求了！

问：最后，请给大小朋友们推荐一本图画书，您创作和翻译的除外。

答：我推荐《小老鼠和大老虎》，大陆《东方娃娃》有绘本版，是庆子·凯萨兹著作、余丽琼翻译的。这本书重点在如何改善人际关系，好看又有趣，对我的创作也深具影响力！

（2006年3月访谈，2008年2月补访，2015年8月经被访者修订）

程 玮

牵引孩子走向广阔的世界

　　世界上最精彩、最温暖、最美好的旅程,是走进心灵的旅程。让我们准备好,现在就出发。

作家简介

程玮，江苏人，1982年毕业于南京大学。20世纪70年代末开始发表儿童文学作品。中篇小说《来自异国的孩子》、长篇小说《少女的红发卡》分别获得第一、第二届全国优秀儿童文学奖，《米兰的秘密花园》《两根弦的小提琴》分别入选2011年、2014年全国"大众喜爱的50种图书"。编剧的电影《豆蔻年华》获金鸡奖及政府奖，电视剧《秋白之死》获飞天奖最佳编剧奖。译作有《小王子》《大盗贼》《香草女巫》《我和小姐姐克拉拉》等，获"2015德译中童书翻译奖"。

1993年定居德国汉堡，成为德国电视二台制片人，拍摄了秦始皇、马可·波罗、丝绸之路、孔子、北京奥运会等题材的中国文化纪录片。

学者点评

若论文学的灵性，程玮无疑是出类拔萃的。她从不小呼小叫、虚张声势地想把文学的感动硬塞给读者，当她轻轻地拨动了读者的心弦，令读者深深感动时，她自己依然不动声色。在她这里，文学的感觉就像贴心的朋友，自然而然地就能如期而至。程玮又是本色的叙事型作家，《少女的红发卡》等作品，证明她是叙事的高手。

——朱自强

问：程老师，我是读着您的小说长大的，那段时光让人怀念。长大后阅读一些评论，看到不少评论家都称赞您的才情。

答：这些话说得真让我开心，谢谢你。其实我不觉得自己很有才情。就像小时候大家觉得我聪明，只有我自己心里明白，我并不是那么聪明。也不知为什么会给人这种错觉，直到现在还是如此。

问：您的创作出现过一次风格的转变。早期的作品多风趣幽默，像《邮票事件》等，后来逐渐趋向含蓄深沉、凝重练达，像《孩子、老人和雕塑》。当时是什么在背后支撑着这种转变？

答：你似乎有转业搞评论的嫌疑。不要这么深刻好不好？（笑）一种风格写腻了，就换一种风格。再说，随着年龄的增长，咱也成熟了些。

问：您自己现在对当年的那些小说是怎么看的？

答：我早已把过去那段当成了前生前世，真的把很多淡忘了。我昨天把《程玮小说集》找出来翻了一下，除了后面的中篇外，那些个

程玮《程玮小说集》

短篇还是很好看的。我本来以为会有陈芝麻烂谷子的味道,还好,没那么严重。用现在的目光来看,文字还可以写得再干净、简洁些。我觉得《你是一片云》写得不错。在中国时,我有很多一般人没有的感官(前世的),到了德国就没有了,洋人这里阳气太重了。

问:读您的作品,常常被语言吸引,或者童趣十足,或者富于意味,这应该跟您童年时代的阅读积累有关吧?能谈谈您小时候的读书情况吗?

答:我父母都是教师,从来就鼓励我们读书。他们对我影响最大的是重视知识。"文革"中,读书无用,很多人丢了书本。父母却坚信,无论怎样的社会、怎样的国家,知识总是最有用的。所以,我幸运地比别的孩子多读了一些书。我觉得读书长大的孩子比看电视长大的孩子要聪明。你这样精心引导你的学生读书,他们以后会很感谢你的。

问:您对当下国内的文坛或者华文文坛关心吗?

答:因为经常飞来飞去,我看很多书。经常买了一大堆书上飞机,然后飞快地看。等下飞机时,把大部分书当垃圾留下,把极少数带走。我上次回国,人家推荐我看郭敬明写的《梦里花落知多少》和《幻城》。《幻城》留在飞机上了,《梦里花落知多少》我带回了家。《梦里花落知多少》有让

程玮、陈丹燕、秦文君
《中国少女心理小说集》

我感动的地方。在物欲横流的时代，以痞得不能再痞的文字，写了一个其实很纯情的爱情故事，有些文字甚至很聪明。倒是曹文轩给《幻城》写的序让我闷笑了半天。曹文轩使劲夸郭的才气，最后谆谆告诫郭要珍惜自己的才气（好像想说，郭把自己的才气用错了地方）。

有个住美国的台湾作家，英文名字叫 Ami Tang，写"千禧会"什么的。写过一本《一百种秘密感觉》（直译，中文肯定有好的题目），是我很喜欢的一本书。我先读了英文，后来读了德文，就是没读到中文。这本书是值得带来带去读的。她是真有灵性，不是装出来的那种。《你是一片云》或许还有点装。

问：冒昧地提个私人问题，很多读者都非常关心您的近况，能简单介绍一下吗？

程玮《米兰的秘密花园》

程玮《少女的红围巾》

答：我现在生活在汉堡，一个美丽的、花园一样的城市。我和一个热爱中国的德国人生活在一起。我们彼此很相爱。因为工作关系，我经常回国拍摄，走遍了几乎全国各地。我很喜欢回中国，也很喜欢住在德国。年轻时，读了太多的欧洲文学，心里把欧洲当成了精神家园。一个精神上拥有两个家园的人，是一个很富有的人。我的儿子徐果和我们生活在一起，他18岁了。十几年来，我们之间齐心协力做的一件事就是学中文。有一天，他问我是否可以推荐我的儿童文学给他读。我想了半天，不知道该给他推荐哪一本。我的那些书属于一个特定的时代和特定的文化背景。我想，他读不懂，还会失望。"去读《小王子》吧，它属于永远。"我对他说。

电影《豆蔻年华》剧照

问：德国的教育同国内相比，有什么不同的地方？

答：写过一个小东西，让大家笑笑的，倒是可以用来回答你这个问题。

果同学13年学生生涯修成正果，迎来了高中的最后一个星期。按他们学校的传统，这个星期还有最后一课要学，就是标新立异。

果同学的学校是个有一百五十多年历史的老学校，老得学校大厅的天花板和地上都是古拉丁文。古老的传统要求毕业生在这个星期要"服"不惊人死不休。要点还在于，要穿了这样的衣服坦然自若地经过每天上学的线路到学校，到了学校再换衣服是不算数的。

果同学星期一穿的是西装，亮点在于，他戴的领结是一双袜子。

果同学星期二穿成西部牛仔。《断臂山》以后，牛仔的概念给弄得声名狼藉。他甘当牛仔，倒有点意味深长的意思。

星期三他穿了一身黑色对襟短褂，加一顶带辫子的花翎。说不清是唐代还是明代，是官员还是书生。

我建议说，这帽子可以到了学校门口再戴起来。要不马路上的人以为你是神经病呢。他一脸恨铁不成钢地对我说，你到现在没明白，人家怎么想，跟我有什么关系。别人冲我看的时候，我就想，你晕吧，晕死一个算一个。晕不死就是我没本事。

我于是明白，这个学校在最后关头，教了学生最重要的一课。

问：呵呵，好玩。肯定轰动不小。

答：果同学的服装没有引起轰动，以至最后一天，他一怒之下，穿了睡衣去了。

问：徐果快高考了吧？对他有什么期待？

答：德国没有高考，而且是13年学制。他的功课我从

2006年徐果高中毕业时全家合影

来不过问。暗暗希望他能在毕业考试时考个应届第一，考不到也无所谓啦。天天鼓励他去上牛津、剑桥，可人家还不一定愿意。他已经去参观过了，说现在在那里读书的，除了日本人、台湾人，就是大陆人，没什么好的。所以我已经准备明年夏天自己去牛津念两个月的英语，靠子女实现自己的梦想是很愚蠢的行为。

问：如果让您给今天的孩子推荐一本书，您选哪本？

答：《小王子》。人类的希望和梦想都写在里面了。后来，我读到作者的《大漠星空》，那种濒临死亡的感受和对人生的考验，写得真是无与伦比，更理解他为什么可以写出《小王子》了。如果我有一天能把法语学好，它将是我要读的第一本法文书。

程玮译《小王子》

问：上面的访谈还是十年前做的。2007年，您回归文坛，带给我们不少惊喜之作，徐果同学也早已在伦敦政治经济学院读博。从事创作这么多年，题材、风格在变化，其中是否有什么是一以贯之的？

答：不管是我早期的作品，20世纪80年代写的，还是现在写的"周末与爱丽丝聊天"系列、"周末与米兰聊天"系列、《俄罗斯娃娃的秘密》，都有一个贯穿始终的内涵，就是展示儿童与成人世界的交流、沟通和妥协。儿童的成长是很艰辛的。童年的时候，他学

程玮《俄罗斯娃娃的秘密》(简体版) 　　程玮《俄罗斯娃娃的秘密》(繁体版)

着认知世界，理解世界；渐渐长大了，他试着投身这个世界，还想改造世界；等碰了很多钉子，他学会与世界妥协。

优秀的儿童文学作品，应该是那只温暖有力的手，牵引着孩子从父母的怀抱走向广阔的世界。

这种情怀属于全人类，不分国籍。

问：您新近创作的"周末与爱丽丝聊天""周末与米兰聊天"两个系列，都建立在中西方文化比较的视野下，您想告诉今天的孩子什么？

答：感恩、宽容和敬畏。这也是我们中国文化的精华，但我们的教育对此重视得还不够。"你来到这个世界，是负有一份责任的。你的第一份责任是，精彩而有尊严地生活……你的第二份责任是，把我们中华民族古老的文化接过去、传下去。"这是我写在作品后面的话,也是我很想和现在的孩子说的话。重新回归少儿文学,真的是感觉到了一种责任。

问: 近些年,您陆续翻译了不少作品,像《小王子》《大盗贼》《香草女巫》《我和小姐姐克拉拉》等,这样的翻译工作对您的创作有影响吗?

答: 翻译的乐趣和益处是在翻译《小王子》时体会到的。我是一个读书很快的人。虽然读过以后,我对书中的情节人物,甚至某些段落都能熟记于心,特别喜欢的作品还会反复阅读,但终究没有在翻译作品时读得那么认真。翻译是一种很神圣的传递。译者应该领会和理解原作者的本意,然后用最简洁、最传神的语言把原作者的本意转达过去。因为自己是写作人,对原作品有一种尊敬和一种小心翼翼。在读完一个段落以后,会仔细考虑一下,原作者到底想表达

程玮《赛里斯的传说》

程玮译《我和小姐姐克拉拉》

什么？而我，又怎么把这段话用自己的语言说出来，并且要说得准确，最好还能传达出原作的韵味？这样的反复阅读和设身处地的思考、度量，对我自己写作语言的精练、简洁和准确是很有帮助的。

问：我很好奇，您先生了解您的作品吗？他有怎样的评价？

答：我出版过一本德文版的短篇小说集叫《白色的塔》。因为我的第二语言是德语，所以对别人的德文翻译有种种的怀疑和不放心。考虑了很久，最后还是我和我先生合作翻译了这个短篇集。所以，我先生对我的一些较有影响的短篇小说都是非常了解的。他认为，我是采取一种影视的方式在写作，比较善于把某一个重要情景设计成一个场景，这个场景里有风吹过，有小鸟飞过，还有各种气息和触摸的感觉。这样的描写给人一种身临其境的感觉，还有画面的美感。

程玮德文版小说集《白色的塔》

（2004年12月访谈，2015年8月补访）

徐 鲁

记忆里纸窗上的月光和树影

文理并进,亦诗亦哲;读写相长,致远致恒。

徐鲁（签名）

作家简介

徐鲁,儿童文学作家、诗人、散文家。1981年开始文学创作,1992年加入中国作家协会,系湖北省作家协会副主席。有二十多篇作品入选中国大陆、台湾、香港三地的中小学语文教材。已出版诗集《我们这个年纪的梦》,散文集《小鹿吃过的萩花》,长篇小说《罗布泊的孩子》《再见,小恩》,短篇小说集《少年识尽愁滋味》,图画书《爷爷的打火匣》《刺猬灯》和《金蔷薇·徐鲁美文系列》《徐鲁温暖童年系列》等作品集近百册。作品曾获全国优秀儿童文学奖、冰心儿童图书奖、陈伯吹儿童文学奖等。作品有英文版、德文版等。

学者点评

徐鲁的众多诗歌里的抒情主人公是个浪漫的歌者,而这个浪漫的歌者是一个多情的少年,而这个多情的少年又来自牧歌缥缈的乡村。在我的阅读感受里,徐鲁最好的诗大都与乡村有关,都有着或浓或淡的乡愁,撩拨着我们想回到家园的心。徐鲁的这些诗歌,让我想起沈从文的描写湘西的小说。徐鲁以少年诗所描摹的乡村意象,对于今天的少年人具有特殊的不可替代的审美价值。

——朱自强

问：徐老师好！我非常喜欢您的那些民间童话诗："说的是一位盲眼老婆婆／一个人过着凄苦的生活／她没有儿子／也没有女儿／只有一盏祖传的油灯／伴她把漫长的黑夜度过……"朴素，亲切，用诗的语言娓娓道来。据说，这些是您根据祖母讲的民间故事改编的，能谈谈小时候的那段时光吗？

答：小时候，我在故乡胶东半岛农村生活。童年时代里的大部分时光，是和祖父、祖母生活在一起的。祖父是一位老护林员，一生勤俭劳苦，对我的教育和影响很大。那时候，我老家还没有电灯，只用煤油灯或豆油灯照明。北方冬天的夜晚很长，乡下睡觉也很早，所以每到冬天的夜晚，有时也是在夏夜乘凉时，我就会缠着祖父、祖母给我讲故事。他们能讲很多民间故事。六七岁时，祖父用韵语给我出过一个谜语："上山直溜溜，下山滚稘馏，摇头梆子响，光洗脸不梳头。"每一句要猜出一种动物。其中的"稘馏"，是我们老家胶东的一种用红薯面、玉米面或黄豆面混合做成的窝窝头，是"粗粮"。这四种动物分别是狐狸、野兔、驴子、猫。这个谜语我至今还记得。祖母给我

徐鲁《樱桃树下的童年》

讲的故事就更多啦,像《金粪筐和银纺车的故事》《小红点的故事》《灯花姑娘的故事》《狗尾巴草的故事》等。夜晚祖母讲故事舍不得点油灯,所以留在我记忆里的这些故事,多半在黑夜里伴着映在纸窗上的月光和摇晃的树影……这种情景就像普希金童年时代在夜晚里听乳娘给他讲俄罗斯民间传说和故事的时光。长大后我写的那些童话诗,许多就是根据祖父、祖母给我讲的民间故事改写的。这些故事大概也培养了我童年时代的善恶感、同情心和想象力。现在想来,对一位作家来说,童年时代的任何馈赠都是十分宝贵的。

问:将民间故事改写成童话诗,要注意些什么呢?

答:这一点,我在《我与童话诗》(为我的童话诗集写的一篇后记)一文里说到过:第一,在题材的选择上,它应该是富有一些"诗意"和感情色彩的,可以起到对人间的真、善、美的传播作用,能够表现出人间的智慧、勤劳、正直、追求和愿望;第二,如果故事里还带有一点幻想和浪漫色彩,那当然更好,这样可以更接近童话的特点;第三,对于情节过于繁复、曲折,不大适宜入诗的题材,则应尽量删繁就简,避免叙事上的头绪太多,好在民间故事基本都是"单线条"的叙事式;第四,在语言上要尽量朴素、明快、流畅,多采用一点有情趣的、鲜活的,甚至是谐谑的民间文学风味的口语,保持民间童话故事的韵味。我

徐鲁《湖北儿童文学评论集》

也希望这些童话诗念起来能朗朗上口,可以背诵,甚至分角色表演。

问:我想,您的愿望已经实现了。就我的个人体验,这些童话诗最为打动我的,一是故事里的情怀、情趣,二是童话诗的语言形式。除祖父、祖母的影响外,您小时候有特别难忘的作家、作品吗?

答:说实话,小时候在乡村,又是在那样的年代,书是十分珍贵和稀罕的,没有机缘读到更多的儿童文学书。能记得的几本书是《高玉宝》《闪闪的红星》《小马倌和大皮靴叔叔》等,五年级的时候,读到了安徒生童话和普希金童话诗,还读到过一本老作家杨啸创作的民歌风格的叙事诗《草原上的鹰》,写草原上的一个小英雄莫日根的故事。我当时几乎能把全书背诵下来。可见一本书是多么难得。在所有这些作家的书中,最难忘的应是安徒生、普希金的书,以及李心田的《闪闪的红星》和颜一烟的《小马倌和大皮靴叔叔》吧。

问:除了童话诗,您还写了不少少年抒情诗、朗诵诗,您是不是觉得诗歌这种体裁特别吻合青春的气息?

答:这是很自然的。青春的年华本来就是如梦如诗的。中年以后当然也可以写诗,大诗人歌德一直写到了80多岁。但就我自己来说,40岁之后,文体形式明显就转向散文、书评和小说了。我写诗歌最多的时期,就是在20世纪80年代和

徐鲁《校园弦歌》

90年代这20年间，不仅写了儿童诗、少年诗、童话诗，还写了很多的成人抒情诗，包括长叙事诗和爱情诗。我现在正在整理和编选我的30卷本《徐鲁文集》，其中"诗歌编"估计会在文集里占四大卷。

问：30卷本？以徐老师的年龄，这个数字是比较惊人的。为什么能有如此丰富的灵感和不曾衰减的热情？

答：我写作和发表作品的时间比许多同龄人都要早一些，1981年开始正式发表作品，1985年就成为省作家协会的会员了。从事写作30多年来，主要就是比较勤奋，太喜欢写了吧。不过，平均起来每年才写一卷，这个数量其实也不算什么。大诗人歌德的文集有143卷（对了，你们南京大学图书馆里就有全国唯一的一套德文本，是德语老翻译家张威廉先生向校方申请购买回来的），我辈只有人家一个零头嘛。我的写作门类也比较多，诗歌大概有四卷，小说有两三卷，散文八卷，评论十卷，传记五卷，童话一卷。其实书信也有两卷。

徐鲁《重返经典阅读之乡》

徐鲁《剑桥的书香》

30卷也只能是选集。当然，如果我能写到70岁，估计还可以再写20卷。写作的热情何在？其源于对生命、对生活、对文学的热爱吧。我也很少去浪费时间。我看到张炜先生目前已有1500万字的作品了，这样一算，我这点东西也不算什么了。

问：在读者心中，徐老师还是个有影响的书评家。我觉得，您的书评很具有标识性，您是用美文的感觉来写评论的。这样的猜测准确吗？

答：我的书评能给你或别的读者留下这样的印象，我感到欣慰。我不会也不愿意去写那种理论性太强、学理意味很重又比较概念化的评论文章。我是用散文的文笔和意趣来写书评的。其实，称为"读书散文"也未尝不可。我写书评也不仅仅是"我注六经"，更多是在"六经注我"。书评也是我书写自己的感情和思想的一种文体形式，好似在"借他人之酒浆，浇自己之块垒"。

问：就散文、诗歌、童话、绘本、故事、寓言、童话诗等的阅读，您各写了一本"24堂经典文学阅读课"，从中可以看出您对儿童阅读的关注与思考。概括地说，您对当下儿童的阅读有什么建议？

答：我的阅读建议和感受，都写在这6卷"阅读之书"里了。虽然这只是一套引导文学阅读的书，但是我一直觉得，少年时代读书，应该是

徐鲁《漫步诗歌的花园》

"开卷有益",除了文学,历史、地理、科学、哲学、戏剧、天文、民间文化等方面的书,最好都能去接触一些。不可仅仅局限于文学,更不能局限于当下校园里流行的、人云亦云的那些儿童文学。

问: 请给孩子们推荐书,诗歌、散文各一本。

答: 各推荐一本,那么,诗歌,我推荐金子美铃的童谣集《向着明亮那方》;散文,我推荐获过诺贝尔文学奖的西班牙作家希梅内斯的《小毛驴之歌》(较早的译本书名是"小银和我")。

(2015年9月访谈)

祁 智
我就在书中等你

带着好书走路，永远不会寂寞。

祁智

作家简介

祁智，凤凰出版传媒集团编审。国家有突出贡献的中青年专家。中国作家协会会员，江苏省作家协会副主席。一级作家。"书香江苏"形象大使。

近20年来，担任曹文轩、金波、黄蓓佳、秦文君、杨红樱、张之路、沈石溪等优秀儿童文学作家《草房子》《青铜葵花》《我要做好孩子》《今天我是升旗手》《乌丢丢的奇遇》《天棠街3号》等重要作品的责任编辑，获国家大奖18次。出版《芝麻开门》《小水的除夕》等优秀儿童文学作品，两次荣获中宣部"五个一工程"奖。《芝麻开门》被中央电视台改编成长篇电视连续剧，《小水的除夕》被评为"2014年中国好书"。

学者点评

祁智作品的叙事风格是纪实性的、日常性的，仿佛是一篇篇每日新闻、每日故事。透过一天又一天、一件又一件孩子生活中经常发生的琐事、烦事、好事、糗事，去把握孩子的精神世界，去理解孩子的内心感受以及喜怒哀乐等各种情绪反应后面的深层心理，去捕捉心灵的美好闪光点，去挖掘潜在的巨大能量。在孩子的身上表现美好的素质，发现潜在的能力，正是贯串他的作品的主旋律。念动"芝麻，开门吧"的咒语后，你看到的是孩子精神的珍宝。

——金燕玉

问：您在《芝麻开门》后记的结尾，跟小朋友说"我就在书中等你"。《芝麻开门》赢得了大量小读者，这是您最满意的儿童小说吗？

答：我真的很高兴，《芝麻开门》让我结识了那么多可爱的孩子、老师和家长，也让那么多的孩子、老师和家长关心、喜欢我这个"胖叔叔"。

因为工作的关系，因为喜欢孩子，因为自己有孩子，我写了一些给儿童看的作品，比如长篇童话《迈克行动》，比如短篇小说《体育老师》《狂奔》和《除夕的马》，当然还有《芝麻开门》。从我个人的角度说，我以为，我的作品都是我最好的，因为我当时的创作，总是调动和倾注了我当时的全部心血和才情，我没有保留，也无法保留，我也不可能把它们写出更高的水平了。因此，我珍爱我的每一个文字。"最好的作品是下一部"的说法，那是外交辞令。

《芝麻开门》是我写得最长的一部儿童小说。因为是长篇，我可使用的材料就多，我在谋篇布局上也更从容一些。如果说写短篇小说

祁智《芝麻开门》

我是短跑运动员,那么,写长篇小说我就是长跑运动员。在跑道上,我不遗余力。

问:您曾提出"一本书大家阅读"的口号,您认为《芝麻开门》做到了没有?

答:这是两个问题。

首先,我要回答我为什么提出"一本书大家阅读"的口号。

1996年底,我编辑黄蓓佳长篇小说《我要做好孩子》时,在"内容提要"中提出了这个口号。我这样提,基于两个原因。

一是就儿童文学的特殊性而言。我觉得,优秀的儿童文学作品是可以跨年龄阅读的。比如《安徒生童话》,孩子还在妈妈肚子里的时候,妈妈就可以胎教,没有人说这是拔苗助长;一个老人在告别人世前阅读它,没有人说他是弱智。儿童文学,可以适合一个人最初阅读和最终阅读,所谓0岁到100岁的阅读。换一个文学样式,比如成人小说、散文、诗歌(儿童诗和儿歌除外),都做不到这一点。

二是就儿童这个特殊的阅读群体而言。儿童在阅读上没有多少自主权,买书的钱要家长给,看书的时间要老师和家长给,是否可以买、看这本书需要老师和家长同意。这就是现实。有些书,家长和老师喜欢,但孩子不感兴趣;有些书,孩子喜欢,但家长和老师如临大敌。

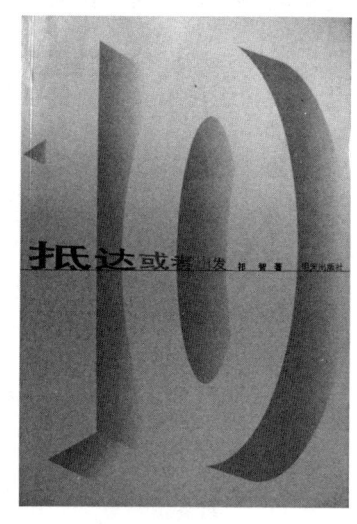

祁智《抵达或者出发》

但也有些书，孩子、家长、老师都喜欢，比如《安徒生童话》。如果孩子要阅读《安徒生童话》，家长一定会给他钱买，老师一定会给他时间看，他就一定可以光明正大地阅读。这就为孩子创造了良好的阅读环境——阅读是需要环境的。从另外一个角度说，花很少的钱买一本书，一家人都可以阅读，这是多么幸福、美好的事情。

评判一部儿童文学有许多标准，我以为"适合大家阅读"是重要的标准之一。

然后，我回答：《芝麻开门》是努力向这一目标努力的。我不能说它是"适合大家阅读"的小说，但我可以说它是一部"可以"适合大家阅读的小说。

问：您曾经说，只要认识 800 字，就能阅读《芝麻开门》。这是戏说吗？

答：《芝麻开门》写的是四年级孩子的生活。既然写的是四年级，那么，我的作品就必须要让四年级的孩子能够顺利阅读；因为考虑到"适合大家阅读"，我也希望二三年级的孩子在阅读时不会遇到多少障碍。我做过教师，也因为工作关系钻研过小学语文教材，对小学生阅读的现状也很了解，二三年级的孩子一般都认识 800 个字了。

同样是考虑到"适合大家阅读"，我希望这部作品能让五年级以上的孩子，包括老师、家长阅读。这一部分读者所认识的字、所掌握的词汇量要多得多，因此，他们对"认识 800 字就能阅读"的小说不会满足。在创作过程中，我掌握这样一个原则：使用的词汇量不能多，但汉语言的魅力不能少。于是，我在语言上下功夫。

我在语言上下功夫，其实也是想给孩子们（包括二三年级的孩子）做一个示范：一篇文章、一部作品，即使掌握最基本的词汇量也可以完成。同样是一个个汉字，就看作者组合的能力。有的人组合出的是过眼烟云，有的人组合出的是千古绝唱。文字是有生命的，文字的生命是作者赋予的。

问：您原先主要创作成人小说，写作儿童小说与写作成人小说比较，您内心最大的情绪区别是什么？

答：就其技术而言，成人小说和儿童小说的创作没有什么区别。成人的世界和孩子的世界不同，一个复杂，一个单纯。我写成人小说，就是要在复杂中找到单纯——纵然千变万化、千难万险，总得一个一个字地写才行；我写儿童小说，就是要在单纯中找到复杂——只有真正深入孩子、了解孩子，才会发现孩子的世界是丰富多彩的。对象不同，甘苦一样。

创作儿童小说与创作成人小说的情绪是不同的。这种不同在创作之初并不很清楚，但随着创作的深入，我越来越清楚地认识到，孩子的世界是多么美好，孩子的心灵是多么纯洁。创作成人小说，我好像置身于复杂多变的天气当中，忽而晴空万里，忽而晴空霹雳，忽而暴风骤雨；创作儿童小说，我所置身的世界或者春风和煦，或者秋高气爽，或者冬雪高洁。我知道，让孩子们一直生活在美好的世界中是不可能的，但是我希望我的笔能把美好的世界保留下来。

祁智《小水的除夕》

在创作过程中,我心中还涌动着一种过去所没有的情绪:成长。过去,我只意识到孩子需要成长,孩子在成长。其实,这种意识是片面和错误的。成长是我们每一个活着的人都要面临的事情,我们和孩子共成长。

问:儿童小说的写作激发了您的激情与想象,与此同时是否也给您带来过痛苦?

答:写作是很幸福的事情,我生活在激情与想象之中,生活在创造之中。但在写儿童小说的时候,我的确遇到过痛苦:对孩子的一些行为,我无法解释其理由。比如,一个孩子可以专心致志、乐此不疲地用半天的时间抠墙洞,这个行为怎么解释?可能没有解释,也可能有一千个解释,但究竟谁能告诉我准确的、令人信服的答案?没有人能告诉我。这种痛苦延续到我的写作之外、之后,延续到现在和将来。

问:有记者说您很善于表达,谈吐具有过人的表现力。这同您的文字写作是否有关联?我们也常常发现有些同学很会"说话",可是写出来的文字却干巴巴的,这是为什么?

答:我的回答要基于我"善于表达""谈吐具有过人的表现力"假如是真的。

我12岁之前,很不善于表达,未张口先脸红,张口也是结结巴巴、词不达意。为此,我很让家长恼火和烦心,我也因此很不安和着急。于是,我强迫自己改变,比如,我跟在收音机后面学普通话和朗诵,经常参加学校的文艺演出等。我觉得只要我努力就可以办成事情,而恰恰我的努力正好处于我身心成长的关键时期——发育时期，不仅生理变化，心理也会变化，有些疾病都可以因发育不治而愈，何况是不善言辞呢？

我固执地认为，好作品都是可以讲述的。我写的作品，其实都是"口头文学"，不是"书面语言"。我写的时候就是我说的时候，那么，我说的也可以落实到纸上，当然就显得有条理一些。

我的确发现不少孩子很能讲，但不能写。如果是乱讲，当然无法写下来——这一点我们不谈，我谈为什么能很好地讲但不能很好地写。不少孩子很清楚而且机械地把讲和写看成两件事情，讲可以无拘无束，写必须循规蹈矩。其实不应当这样。正确的做法是，怎么讲就怎么写。一开始可能写下来不像样子，但坚持一段时间，就有声有色了。

问：您小时候喜欢读书吗？喜欢阅读什么类型的书？

答：喜欢读书，但无书可读。我读到的第一本真正的书是《水浒传》。这本书有情节，有人物。情节曲折，人物精神。我由此喜欢上阅读这样的书。

问：关于孩子的阅读，有些什么好的建议？

答：第一，阅读的起点要高。要多阅读经典名著，向大师学习。

第二，阅读不能太功利，不能仅仅为提高作文水平、考好试而阅读。我们种一棵树的目的是什么？如果只是打一张桌子，那就太简单了，就忽视、蔑视了一棵树的价值。一棵树，当然可以是一张桌子，但是，同时它可以不使水土流失；是一道风景，绿色葱茏；是一片浓荫，可以让人遮阳避暑；可以让孩子玩耍；可以拴一根长长的线，让风筝在天上飞；可以让鸟鸣唱、筑巢；可以花团锦簇，果实累累；可以千秋万代傲立，成为沧海桑田的见证……阅读就是种树，阅读的价值就是种树的价值。

阅读是一生的事情。小学阶段非常重要，应给孩子好的阅读书目，同时给他们好的阅读方法、好的阅读习惯、好的阅读心境，为终身阅读打坚实的基础。

祁智《猫头鹰逃亡》

问：作家梦是许多文学儿童的一个情结，您有什么切身的体验要告诉他们吗？

答：梦终究是一个梦，即使是美梦。梦要成为现实，需要时间，需要过程，需要条件。我以一个作家、家长、老师的身份真心告诉孩子们：必须修完自己应当修完的学业，然后才能考虑其他。祝福亲爱的孩子们美梦成真。

问：谢谢您的诚挚祝福。最后，请为孩子们推荐一本书。
答：《安徒生童话》。

（2006年8月访谈，2015年8月经被访者修订）

彭学军
也走过沈从文的青石板路

书是船,阅读是桨,渡我们到想要去的地方。

作家简介

彭学军，生于湖南吉首。出版有《你是我的妹》《腰门》《真的很天真》等多部长篇小说、中短篇小说集和散文集。深厚的文学素养、独特的人生阅历和娴熟的艺术表现技艺，成就了彭学军的文学创作。她善于用浸润着浓郁生活汁液的情节和细节，真实地呈现出普通孩子的特殊生活遭际和成长历程，给人以深刻而丰富的情愫感染、审美享受和思想启迪。

曾获宋庆龄儿童文学奖小说大奖、全国优秀儿童文学奖、中宣部"五个一工程"优秀图书奖、冰心儿童文学奖、陈伯吹儿童文学奖等多种奖项。作品被译成法、英、日、韩等文字输出国外。

学者点评

一个有出息的作家，绝不依傍他人，也绝不重复自己。

一个有出息的作家，总是将不懈的艺术追求精神深深渗透在自己的每一部新作中。

彭学军的创作实践，正是这样的。

我以为，彭学军是中国大陆很少几位具有大家相的女作家之一。

——樊发稼

问：听说，您童年有段时间是在湘西度过的。在很多人眼里，凤凰是个美丽又神秘的地方，如今回想起来，那段生活给您最大的影响是什么？

答：我出生的地方叫吉首，位于湖南的西部，那是湘西土家族苗族自治州的州府，也是湘西的"大城市"。6岁那年，我随父母下放到一个叫大马的苗寨。每天，父母和当地的农民一样去田里干农活，我也得跟着，当保姆。在田头铺一块塑料布，把小妹妹放在上面，让我看着。那时，她才几个月大。我贪玩，跑开了，狗来舔她，蚂蚁咬她，她哇啦哇啦哭得脸都紫了。看我着实不是当保姆的料，父母就托人在城里找了一户人家，把我们寄养了过去。我们寄养的地方就是凤凰，那户人家姓周，是再善良厚道不过的人家，我和妹妹在那里得到了很好的照顾。我在那里待的时间不长，因为要回来读书了。小妹妹待了4年，4岁接回来时，居然不知道世上还有爸爸妈妈，只认婆婆。

回想起来，小时候的日子特别动荡，频繁地搬家，或者搬到凤凰城里，或者搬到它周边的苗寨，最后几年，教师重返课堂（我父母都是老师），我们又回到了吉首。18岁那年，搬了最后一次家，从湖南西部搬到了江西南部。

所以，我不是在湘西度过童年的，我是在湘西出生和长大的，离开湘西时，我已经是一个成年人了。那么，那地方给了我什么呢？给了我全部，就像一棵树，我被连根拔起移栽到别处时主干已经长定型了，以后的改变只限于枝枝桠桠。我的性情、好恶、审美、对这个世界的看法都是在那里形成的，当然，它也影响了我的创作，最直接的题材，还有创作手法、语言等。

彭学军《你是我的妹》　　　　　彭学军《腰门》

问：《你是我的妹》和《腰门》，是两部给您带来很大声誉的作品，我感觉您是用这样的作品向那段童年生活致敬，可以这样理解吗？朱自强教授说他把《腰门》"插在了书架上一个醒目的位置，它离沈从文的写湘西的那些小说很近"，您怎么看待这样的评论？

答：你的理解没错。离开湘西后，有很长一段时间，我都排斥新的生活环境，觉得哪儿哪儿都不对，都不如湘西，甚至嘲笑当地的方言，觉得太难听了，莫名其妙，不着调。所以，开始写作的时候，湘西记忆、童年生活就成了写得最多的题材，在写作中释放思乡之情——我把湘西认作故乡了。填表时，"籍贯"一栏都是填长沙，但故乡和籍贯不是一回事吧？故乡这个词汇是属于情感范畴的，是可以任由你的内心指认的。

  最初是写短篇,几个短篇一出来,有人觉得我是在模仿沈从文,我觉得很奇怪,那时我好像只读过他的《边城》,再说,我和他的语言风格也不像呀。后来是我自己悟出来了。我发现,在写别的题材时,边写边在心里默念用的是普通话;而写湘西题材时,在心里默念用的是吉首话。我这一类的作品总让人想到沈从文,不是说我写得有多好,只因为有一种相同的湘西气韵在那里。毕竟,他走过的青石板路我也走过,他喝过的沱江水我也喝过。

  《你是我的妹》出版后,朱自强教授写了一篇很精彩的书评,给了我很大的鼓励。那是我第一次写一个比较长的东西,他的评析让我认清了写作过程中一些懵懂而随意的行为,让我明白了成长小说这样写就是对的,那样写就不对。对于《腰门》,他只点评了一句,却是一句很"重"的点评。我把这一句话看成是对我的鼓励,鼓励我努力地去靠近大师的著作。

  问:我想,人们现在谈论您的作品时仍提及沈从文先生,其实是隐含着某种期待。查看您的经历,知道您曾是少年体校的学生,那段生活给您的文学创作带来了什么?我不仅仅指写作的题材。

  答:11岁那年,凤凰县业余体校的教练出差路过我家,见我长手长脚、瘦瘦弱弱的,就让我跟他走。"就算出不了成绩,也能把体质练好了",他这样说服我父母。父母同意了。父母同意我去体校还有一个重要的原因,他们自己就是超级体育爱好者。读大学时,他们都是篮球队的主力,母亲还是她就读的中学十项全能纪录的保持者。所以,他们把对体育的热爱辐射到女儿身上也是很正常的事。

  在凤凰县业余体校练了一年多,后来又去了自治州体校,在体

彭学军《奔跑的女孩》

校一共待了四年多。在州体校时,我们田径队和体操队住在一个大寝室里。有一天,我发现了一个安静的角落,住在我对面的靠墙的上铺晚上总是垂着帐子,里面常有细碎的翻动纸张的声音,我猜她是躲在里面看一本什么小说。有一天晚上,她把我叫到寝室外,红着脸递给我一样东西,是一叠稿子。她告诉我,这是她写的小说。我惊讶得说不出话来。她每天晚上垂着帐子居然是在偷偷地写小说!写小说,这在当时的我看来是一件极其重大的、不可思议的事情,它绝不是我们这类头脑简单、四肢发达的人可以做的。她是体操队的,平时我们并不是很亲密,我也不知道她为什么给我看。我问她是不是想出书,她说不是,只是写给自己看的。

这是我接触到的最早的关于写作的信息了。她告诉我,谁都可以学习写作,写作可以不是为了发表或出书,而是给自己看。

问:不少人都很惊讶,一贯写作少女题材的您,突然写出了"男孩不哭"组合,而且同样得心应手。能谈谈您对"男孩"的写作思考吗?

答:写男孩,或者说以男孩的口吻叙事,在之前的创作中也有,不过都是一些短篇小说,最近的长篇创作有比较大的转向,就是更多地关注男孩。也没有特别具体的理由,就是突然觉得男孩有更大的可塑性,或者说,男孩身上有更大的发生各种故事的可能性,它能拓展我的创作视野。比方说,这个组合的三本书,特别是《森林里的小火车》,你很难想象这样的故事会发生在女孩身上。再就是,我暂时还看不到继续写女孩可以有所超越的可能性,是指超越我以前的作品,没有进步的重复的写作会让我毫无热情。我要努力做一个有出息的作家。

彭学军《戴面具的海》

问:读长篇小说《森林里的小火车》,我很好奇,那些铁路方面的知识您是怎么知道的?读完短篇小说《宝贝》,我也惊讶于行文中不经意间闪现的收藏知识。您是怎么了解这些的?

答:我妹夫喜欢收藏一些东西,家里摆满了各种各样的古董和疑似古董(在我看来,疑似古董占多数,只是不好打击他)。每次去他家蹭饭,我都要把他新近收的东西扫描一番,见到入眼的就向他请教这东西的来历和价值,他就献宝似的一一介绍,告诉我哪里淘来的,大约是什么年代的,里面有什么信息量。听多了,也就记住了一些。事实上,《宝贝》这篇小说的灵感就是从他那里来的。

写《森林里的小火车》时,我找到了当年开蒸汽机小火车的司机,采访过几次。他连比带画,借用"儿童简笔画"和小石子、树枝什么的,告诉我"人字线"是怎么回事,不扳道会怎么样。最难弄懂的还是开火车。驾驶室有哪些仪器和部件,它们的作用是什么?

开火车的具体步骤是什么?因为没有实物,他比画了半天,我还是云里雾里。后来,我查到了 20 世纪 40 年代的一份杂志,叫《科学画报》,里面有一篇文章《怎样开火车龙头》,配了图片,介绍得很详细,才大致弄清楚。

张卓明、段颖婷绘
《森林里的小火车》插画

《科学画报》杂志内文

所以,这些知识基本都属于现学现卖。书到用时方恨少,的确,在写作的时候,常会需要用到各方面的知识,每到这个时候就觉得自己读书太少。

问:您的写作受过前辈作家的影响吗?

答:读中学的时候,我家的隔壁住着语文老师一家,她家的大女儿和我是同学。语文老师比较重视阅读,给女儿订了《儿童文学》《少年文艺》之类的杂志。我父母虽也是老师,但他们是教理科的。

正因为他们是教理科的，所以我从体校出来以后也让我学理科，在他们看来，这些书对理科生来说都是闲书。但我偏偏就喜欢看这样的"闲书"，每每到了新的杂志都会借来读，读到非常喜欢的就兴奋得要命，会一气读上好几篇，特别是程玮还有黄蓓佳、陈丹燕、秦文君等这几位女作家的作品——这大约就是我最早的儿童文学启蒙吧。不过，那个时候，我正被数理化折磨得昏天黑地，不曾有半点当作家的念想。

后来学习写作，一起步就奔着程玮们的路数去了——不动声色地讲一个让人内心大恸的故事，有内涵，有哲理，有情怀，让人回味无穷，却又是从容、恬淡和清澈的，静水深流，举重若轻——这些都是我渴望达到的境界。我很庆幸，当我还是一张白纸的时候，无意中接受到了这样一种非常纯正的文学的晕染。

问：作为文学编辑，什么样的来稿会一下打动您？

答：语言好的稿件会一下子抓住我，它决定我有没有兴趣往下看。我不能容忍平庸和粗糙的文字。但是，说实话，像我期望的那样，语言灵动、有美感、有韵味的稿件少之又少，特别是刚起来的一些年轻作家，急匆匆地写长篇、写系列，没有时间和耐心去磨砺语言，仅仅只满足于快速地讲一个意思不大的故事——我读了太多这一类的稿件。

问：对孩子们的写作，您有什么建议？

答："作文是孩子正式向外界表达自我的最初的尝试"。既是表达自我，那么，内容可以不那么精彩，语言可以不那么优美，可表达的情感一定要是真实的。无动于衷时千万不要说"感动得热泪盈

彭学军《看不见的橘子》

眶"；如果真正从帮助别人的过程中体会到了快乐，发自内心地热爱祖国，当然可以写，但如果没有这样的体验和情感，却硬要写，就显得虚假了。有一个孩子寄了一篇自认为写得比较好的作文给我，是看一部革命战争题材电影的观后感，有不少"革命先烈抛头颅、洒热血换来了我们今天的幸福生活，我们要加倍珍惜，努力学习……"之类的似曾相识的句子。说似曾相识，是因为我当年写作文的时候就没少"抛头颅、洒热血"。几十年过去了，看见今天还有孩子"抛头颅"，真是让人无语。

问：最后，请给孩子们推荐一本书。

答：我推荐《丽芙卡的信》。这是一个讲述苦难的故事，书中那个叫丽芙卡的 12 岁的小姑娘经历的苦难是我们无法想象的，也是我们不可能经历的，而且故事发生在 1919 年的俄国，无论是时间还是空间都离我们非常遥远。那么，读这本书的意义何在呢？说得通俗一点就是补钙，但它强化的不是我们的骨骼，而是我们的心智。我们生活在和平年代，生活安稳，波澜不惊，可人的一生，谁都无法预料自己会遇到什么，也许有一天，丽芙卡会成为我们走出困境的榜样。有的时候，我们需要从一本书中获得力量和勇气。

（2015 年 9 月访谈）

韦伶

一株花树在笔下噼噼叭叭绽放

我把少女作家班的孩子叫作"月亮女孩"和"花的女孩",希望她们"以月亮的诗性和深情抵制低俗和浮躁,以花朵的精致与生动对抗粗糙与复制"。

韦伶

作家简介

韦伶,1963年生于重庆。长期从事少女文学的创作、教学和研究。已出版的作品有散文集《走神女孩》《月亮花园》,短篇小说集《树的屋子》《寻找的女孩》,长篇小说《幽秘花园》《山鬼之谜》等。部分作品在国内及海外获奖、翻译和介绍。曾在《绿人儿童画报》主持《绿人姐姐》栏目,并在广州儿童活动中心创办少女作家班,为广州市女作家协会副会长。主编的少女文学作品集《绿人姐姐的少女作家班》获全国桂冠童书创意奖。

学者点评

韦伶写的是绿皮书。绿人姐姐的文学世界,有女孩,有男孩,还有精灵。她喜欢把这些人物放到更大的"自然"之中,放到更远的"大地"之下,放到更深的"梦幻"之间。

我怀疑她曾是一株树。她有林妖行迹的可能,久居浑厚且幽深的大山,是出山鬼与精灵的地方。她的精精怪怪,是一种闪于林中,山头夜伫的形影,是一种不动便凝为夜色林木,一动便飘逸穿行的心境。她有墨绿的大陆西南的调子。

——班马

问：您是著名的少女文学作家，同一般题材的作品比较，除题材、人物、语言这些显性因素外，您认为少女文学最为主要的特质是什么？

答：这是一个很大的话题，我想也可能是至今为止国内外学者都还探讨得并不太多的话题。在我们国内有关少女文学的研究著作中，最近有一部北京师范大学博士生陈莉所著的论文《中国儿童文学中的女性主体意识》给我们带来了欣喜。

我认为这是第一部对中国现当代文学中把少女文学作为一个特别的分支所做的较为系统和完整的介绍、探讨和梳理的著作。它里面提出的不少被我们遗漏和缺失的话题，都值得我们关注和进一步研究。

中国的文学与社会学靠得最近，它最热衷反映的是人在社会、人群中的表现。而一个人活在这世界上，他除了是一个社会中的人，还是一个生理的人、一个大地的人。我认为，一个生理的、大地的人比一个社会的人更深刻、真实和本质，虽然社会能改变和塑造一个

陈莉《中国儿童文学中的女性主体意识》

人,但只注重反映人在社会中的表现,往往只描绘了一个壳、一件外衣或一种化妆。

对于少女文学尤其如此。少女是一个葆有天性的还未彻底被社会化的生命体。如果只注意到少女在人群中的光与影,就如同只见彩虹不见阳光与水那样。同时,作为一个成人作家,我们的作品不能只是跟进、追随和应和孩子群,而应尽可能为他们举起一把探索与审美的火炬。

我怎敢概括"少女文学的特质",我只能在这里与大家聊几句,我们在少女文学方面还可以涉及一些什么东西。

第一,有关少女的内心梦想和青春冲动。

少女在告别女孩而又还未长成女人的蜕变时期,有一个发呆、走神、做白日梦的阶段,人们爱把这个时候叫作少女的"多梦时节"。这时的女孩是有些迷离的,比男孩要"痴"和"疯"一点。她

绿人姐姐的月夜舞影

涧水边的绿人姐姐

是活在双重世界的人,一半活在现实中,另一半活在梦想与幻觉中。这时候的女孩有不少经历在内心中完成,那些经历美妙而激越,笼罩着女孩一天的情绪和行为,却不为外人知晓。这是由身体到心智到行为的一个连环过程,是太有文学价值的含苞期少女的青春现象。可惜我们挖掘得还那么浅显和零碎。

这种走神中的女孩,常常在劫难逃地将青春生命和宝贵时光交付给精神游历行为。她们在一半结束了、另一半还没有开始的空档中,像因在茧中的蝴蝶那样,凝视着自己变化着的身体和茧外半透明的世界,等待、倾听、感觉、眺望、做梦。

这时候的少女,内心是精致又宏大的,却少有成熟女人的琐碎、实际。她们在对世界和自身的静观和聆听中,得到的更多是有关生长、开花的身体暗语和大地讯息。常常有着永恒与短暂、巨大与细小、进入与惧怕等明显带有青春气息的感叹,以及由青春激情带来的敏感、灵动、飘浮、激越、忧郁和压抑。她们的感觉世界可以细致入微,又可能巨大无比;她们是一头灵敏的小兽,又是一个爱哭的诗人。她们的眼睛放射出昙花一现时的光芒,看到的东西当然就与别人不同。这种状态和心境本来就是文学艺术的滋生地。

记录少女内心的梦境,捕捉走神的女孩,应该是美丽和有趣的题目。

第二,有关少女的群体文化。

少女的群体中时常出现"打堆"的集体行为。从古老的乞巧节,到当代的歌迷聚会;从民间的女书,到校园课堂的传纸条——女孩之间,有着自发的着魔的秘密交往形式。她们聚集、倾诉、结伴、共乐,无话不谈,在姊妹群中寻求沟通和共鸣。这表露出女孩在追求情感和精神支持方面所共有的强大冲动,也表露出女孩以姊妹为自身的镜像寻求自我认识和精神归从的性别特色。

由此产生的那些令人感动的秘密有趣的"小丫头圈子"故事,和形形色色的明显带有艺术色彩和文学倾向的少女集体行为,都是我们尚未完全了解和关注的有关少女文学和少女文化的重要内容。

第三,有关少女的人类文化角色。

少女作为未来的母亲和美丽敏感的生命,她在人类文化中,从过去到未来都体现和担当着一些不可替代的特殊角色。比如和平、慈爱、庇弱、护幼之神,比如生命的繁衍和维系之神。在国外的文学流派中,女性生态主义是一个很有意思的流派,虽然这种流派最近才介绍到我们国内,但我们欣喜地感到,我们以往的探求与她们有着天然的暗合与共鸣。

韦伶《幽秘花园》

我一直爱把女孩看作树神的化身,认为她们是原始生命力的顽强支持者和保护者。她们善于在时间的长廊里护理、壮大和维持着生命。女孩看重时间,男孩看重空间。女孩是树,男孩是鸟。男孩衔着种子四处寻找播种的土壤,女孩则守候着种子生根开花。这是造物主的安排,他赋予了女孩一个重要和美丽的身份。

在《幽秘花园》里,我曾经写了树神白婆婆。在将来更多写作的时间里,我将继续描绘出一些树一样的女孩。这是她们最美、最富力量的形象。

问：您有一个可爱的男孩，但您并没有像有些女作家那样，用手中的笔去记录描写"儿子"的生活与精神世界，仍然在少女的世界行走。这是什么原因？或者说写作少女文学给您带来了什么？

答：确实，我有一个漂亮的儿子。在生他以前，我对丈夫说，我要给自己生一个朋友。现在，我儿子已长到可以搂着我的肩膀和我并肩散步的个头了。他真的成为了

班未未《行走在少年狂想时》

我的朋友，但他永远是一个与我不一样的男孩，就如同他爸爸一样。我们家三个成员，两个男的很男孩，一个女的很女孩。我们彼此有不少相互尊重但很难理解的地方。为此，我常与儿子很认真地吵架，他爸爸这时候就会心急如焚地对儿子做眼色、递话头，要他让一让妈妈这个女的。

您看，在这样的状况下，我还有写作男孩的自信吗？

男孩女孩有着各自不同的世界，他们可以彼此探访与合作，但在缺乏足够的经验时，他们很难洞悉对方潜伏在天性中的各个阶段的秘密。

这并非坏事。正是由此，才产生了女孩对男孩的审美、男孩对女孩的幻想。而且，在以女孩为主角的故事中，男孩的身影绝对不会消逝，他将成为一个背景、一种时隐时现的眼光，使女孩的故事充满张力、温暖和余韵。

我有一篇文章叫《回望姊妹屋》，里面讲到我从小没有兄弟只有姐姐的状况，以及我们姊妹三人在漫长的生长时期，由于缺乏兄弟角色而形成的种种必然和遗憾。

我也不止一次在文章中以一株长满花蕾正在噼噼叭叭绽放的花树来象征女孩。对于这样一株株芬芳幽香的植物，我远远还没说尽她们带给这个世界的生动和美。

写作女孩，让我有身处未开垦的原野的感觉，这个世界散发着清新如薄荷那样的气息，是我所熟悉和迷醉的。它干净美妙，没有什么颓败之气。没想过写作男孩，但也想过写作成熟女人，她们是女孩的延伸和结局。只不过一拿起笔写到两三页纸后，我便有些厌倦了。为什么？我也在想这个问题。

问：您的孩子喜欢阅读与写作吗？您是如何影响他的？

答：我儿子现在刚满13岁，是个书虫和幻想家。

在他还在我肚子里的时候，我就一遍遍给他唱《大海走了》以及朱哲琴《黄孩子》专辑里的其他歌。然后，他快两岁时，我和班马带他去海南岛的渔村住。有一天，他对着大海，突然间将《大海走了》这首歌从头到尾唱了出来，让我们吓了一大跳，因为这之前他刚刚学会说短句，还没有唱过一首歌。我想，这是我儿子最初的对诗的语言听、背、想和读的练习。

后来，几乎整个童年阶段，晚上入睡前，儿子总要和我一起阅读一本童书后才能入梦。那时候，我们经常阅读的是有关恐龙的图画书（他当时还有几箱子的恐龙玩具，在白天里，这些玩具恐龙都可以摆出书中的场景来）。我读，他看和听，一套书可以反反复复地阅读几十遍。在成瘾的重复中，有时他也会抢着"读"完每一页，虽然我知道这个小文盲全是背下来的,但见他蛮带激情、蛮有语调、一字不漏、一页不错地讲完,我绝对不会去揭发他。

这个临睡前必读几页书的习惯,就这样一直保持到了现在。他今年读初一了,床边上排着一溜书,每晚我要强行给他关灯。有时灯已灭了好久,我听见书页的翻动声,起来到他房间床头搜查,查出一只小电筒。他因此戴上了小眼镜。我很气,他爸爸却很理解。

儿子六年级的时候,写了两篇一两万字的小说,其中的《故宫迷宫》得了"冰心作文奖"的小学组一等奖。我从他这篇故事的字里行间看出三种东西的影响:中国古典小说、国外侦探小说、中外武侠侦探影视片。他说猜对了,不过还有老爸提供的故宫图片。

阅读与写作,使儿子拥有一个哪怕在童年、少年都可以占有的广大世界,这使他这个独子并不怕一人独处,因为在没有我们同在的时候,自有更多更大的东西陪伴和引领他。

问:您的童年习作经历是怎样的?就对日后的专业写作而言,学校的习作训练与个人的自由练笔哪个影响更大?

答:这个话题,我曾在江苏《少年文艺》杂志最近的一次约稿中谈过。

我的整个童年和少年阶段,几乎都是在"文革"中度过的。在那个时代,基本上是没有文学的,连"美"与"爱"这样的话题在书本

韦伶《树的屋子》

中都是禁忌。但我有一个秘密的小本子,藏在一个最宝贝的小纸盒子里,是属于我少女时代不多的几件私人藏品之一。它就是我自制的一本个人作品集,里面有我自画自写的十几篇说不出什么体裁的"原创作品",它们是与交给学校的作文完全不同的"习作",是我偷偷地一个人捂在蚊帐里,在忐忑与兴奋中一页页完成的。它们使我得以冲破"文革"中作文的囚笼,让思维自由地在少年的原野上放牧。它们使我习惯于用两支笔写作——一支笔对付老师,一支笔自由探索。

也许我的老师曾猜到我藏着另一支笔。初中的一天,一位语文老师笑着对我说:"下午我给你请假,不用来开批判会,回家随便写篇东西给我!"就是他特批的这一个下午,我第一次不用躲在蚊帐里,而是光明正大地搬张小桌子坐在我家屋后的小树林边,一口气写出了一篇绝对不是"课堂作文"的"文学创作"。它很快就被发表在一本刊物《少年习作》的栏目上。那时候,全校几千名同学中有作品发表的仅此一人,但我感觉到的幸福并非是"发表了",而是我意外地被特批可以"随便写"了。

应该提到的是,这个特批我的人不只是一位语文老师,还是一位市作家协会会员。

我们国内的作文教学现在已有了很大改善。过去的作文教学有点被语文老师"语文"化了,有点像是语文基础知识的集中体现,是语文老师将语法、造句等功课在一篇完整的文章中复习、贯通和兑现的训练,它和作文更大的内涵相去甚远。

作文不单是笔头的训练,还是心灵的探索和放牧,是练脑和练心的。作文的题目和题材不应该全由老师划定,而可以留给学生一片自由寻找的空间。应该从寻找题目开始,学习对作文的探索。"文革"时期,如果我没有自发的"越狱"行为,没有为自己准备一个秘密的小本自由操练,我少年时期被强行规范的文字一定被畸化得虚伪、生硬、狭窄;面对不受题目、题材囚禁的大解放,我们这些被驯化的小驹,可能会站在打开的栅栏门口,被外面无尽的原野吓倒,反而抱怨为什么还没人为我们画好跑道呢!

文学少女在课堂进入"月下的少女"仪式

韦伶主编《天使与女神》

问:最后,请为孩子们推荐一两本好书。

答:如果现在要我给孩子们只推荐两本文学书,我很犹豫。好书是不能排第一第二的。嗯,我先选弗吉尼亚·伍尔芙的《海浪》和圣-埃克苏佩里的《小王子》吧。

它们一个是从很小的人脑与身体感觉的角度,放射出的一个那么大那么丰富又细致入微的世界;另一个,则是在偌大的茫茫星空背景下,所呈现的那么细小的一个思索着和活动着的人——小王子。

它们的广阔和精细，都带给我无限的震撼、感动和遐想，然后，我会听到从大海和沙漠那端，额发飘飘的伍尔芙和埃克苏佩里正低声地向我提出一些问题：什么是生命？什么是世界？什么是孩子真诚敏感的身心中感受到的作为大地之子所体味的孤单、幸福、生动与梦想……

这样的书，让你觉得你离造物主更近，离世间万物和你真实的身心更近。这是童年应该读的书，因为孩子在最初的阶段，都那么接近一个诚实、精致、灵敏的天使。

（2008 年 3 月访谈，2015 年 8 月经被访者修订）

汤素兰 我与童话一见钟情

阅读塑造性格,阅读改变人生。

作家简介

汤素兰，湖南宁乡人，一级作家，湖南师范大学文学院教授，湖南省作家协会副主席，全国政协委员。代表作有童话《笨狼的故事》《小朵朵和大魔法师》《阁楼精灵》《小巫婆真美丽》《奇迹花园》和儿童小说《酷男生靓女生》系列等。曾获全国优秀儿童文学奖、陈伯吹儿童文学奖、张天翼童话寓言奖、宋庆龄儿童文学奖等。被评为湖南省德艺双馨青年文艺家、影响湖南十大文化人物，荣立省政府一等功。

学者点评

当年汤素兰在浙江师范大学读儿童文学研究生时，我就从她的一些散文诗和小说作品中发现，这是一位多愁善感、文思敏捷的才女。不过，当时她写的是成人文学作品。等到她读完儿童文学研究生后，我发现，汤素兰在本质上其实是一位充满想象力和幽默感、生来就应该是为儿童歌吟的天真而浪漫的诗人。

——方卫平

问：汤老师，我发现您的创作大部分是童话作品，就在想，是童话选择了您，还是您选择了童话？

答：这确实是个有意思的问题。是童话选择了我还是我选择了童话？我非常希望是童话选择了我，但我觉得自己并不是一个天才的童话作家，因此，不敢说这句话。应该说是我对童话一见钟情吧。我小时候住在农村，没有读过童话，虽然也听过不少民间故事，但不知道那就是童话。我是上大学之后才知道安徒生、格林兄弟的。上大学的时候，我们年级没有儿童文学课，但比我们低的一个年级开了一门选修课——儿童文学。我出于好奇去旁听，正好那堂课老师讲的是童话。当她在黑板上写下"童话"两个字的时候，这两个字给了我特别美好的感觉，让我有一种亲切感，有一种想走近它的欲望。从那以后，我开始接触儿童文学作品，在大学期间写出了我的第一篇童话《两条小溪流》。

汤素兰《笨狼的故事》

问：这应该就是您跟童话的缘分吧，冥冥中注定会跟童话牵手。同其他童话作家比较，您认为您的创作有什么特别的地方？

汤素兰《小巫婆真美丽之住在好玩街》

汤素兰《阁楼精灵》

答：每个作家对自己的作品有不同的追求。或许因为我在写作之前读过许多经典童话作品的缘故吧，在写作中，我希望自己的作品能够打动人，能够好看、有意思。我总希望那是一部有趣、好玩又能让人记住的作品。我们每年出版的图书太多了，一部作品要让人记住，是一件极不容易的事情。另外，我还希望我的作品看上去很简单，却是充满智慧和创造性的。

问：如果以这个标准，在您的童话作品中，自己最满意的是哪一部？同时，是否也有留下遗憾的地方？

答：我先说一个情况，现在许多作家的作品，都是应出版社的要求而写的，在时间上或者内容上，多多少少会受到一定的限制。比如说，我曾经写过一部童话叫《寻找快乐岛》，出版社要求我写一只猎犬，但在写作的过程中，我虚构了另外两个人物——一个吞剑人，一个狐狸，这是两个有趣的坏蛋。我觉得如果一部童话专门以坏蛋为主角，也是特别富有戏剧性的，一定会很精彩。但出版社要求将猎犬写成主角，两个坏蛋只能是配角，我就只好忍痛割爱了。另一部作品《阁楼精灵》，是我自己很喜欢的一部作品，如果按照我自己的构思，慢慢地写，我会写得比今天出版的样子要好一些。但为了赶时间，我也只能拼命往前写了。结果，我发现作品的前半部分基本上达到了我自己的要求，而后半部分就不够满意了。要说哪一部作品是最满意的，真的还没有。但是也没有不满意的作品。虽然有些作品由于时间的关系，或者由于出版社的要求，写起来有这样那样的遗憾，但每一部我允许它出版的作品，都是能够对得起读者的。

问：听说不少作家写作时都有一些嗜好，譬如要站着写，要半夜写，要边听音乐边写，您呢？

答：我不是一个专业作家，我是业余作家。我每天都得上班，因此，写作只能是业余时间里的事情。我随身会有两个本子，一个工作记录本，一个素材本，每天会把自己想到的关于写作的事情、好的题材，或者灵光一闪的灵感记录下来。日积月累，本子上记了不少东西。然后，找一个整块的时间，一般是利用国庆节、"五一"节的长假或者春节，再请几天假，集中时间写作。写作的时候，我一般会关了手机，

汤素兰《点点虫虫飞》

家里的电话也只有少数几个要好的朋友知道。写作时,我喜欢安静,还喜欢准备很多零食。我一般是边吃零食边写作的。写完一个情节或者一段有趣的故事,嚼几片饼干,喝一口清茶,那感觉美妙极了。若是夏天,我喜欢赤脚;若是冬天,就穿了厚厚的羊毛袜子,脚踩在地板上,觉得很舒服。在出版社当编辑,工作很辛苦。记得有一个朋友说,她很同情当编辑的人,因为不管是喜欢还是不喜欢的书稿,你都得看,还得一遍一遍地看。因此,在当编辑之余,能够偶尔写作一两部自己喜欢的作品,写一个能让自己动心的故事,是一件很快乐的事情。

问: 在创作的同时,您还介入了小学生习作的研究工作,主持编写了一套"开心作文"丛书。您认为目前学生作文最欠缺的是什么?

答: 我在出版社主要负责一个名叫"开心作文"的图书项目,每年要为全国中小学生编辑几十种作文图书。我经常收到小读者的来信和电话,诉说自己作文的烦恼。现在小读者最大的问题是写作文的时候无话可说,无话可写。面对一个作文题,不知道该如何下笔。这都是因为不善于从书本中、生活中积累语言和发现写作素材,不会用发现的眼睛看待日常的生活,或者把简单的作文想象得太复杂了。对于这样的孩子,主要应该激发他对作文的兴趣,让他多读多写。

问: 能谈谈您小时候的语文学习吗?

答: 我小时候非常喜欢看书,也喜欢听故事,还很愿意把故事讲给同学们听。我们住在大山深处很偏僻的村子里,当时没有电视,电影也是一个月才能看上一次。漫长的夜晚，一家人聚在一起，就聊家长里短，讲一些半神秘半现实的事情，也讲民间故事和神话。第二天到学校，下课以后，大家就会把自己听到的故事讲给同学们听，这样就形成了自发的故事会。有时候听来的故事比较简单，我在给同学们讲述的时候，不自觉地就加入了许多情节，让故事更有吸引力。我上中学的时候，碰上了一个很好的语文老师。当时我的语文成绩在班

汤素兰《住在摩天大楼顶层的马》

上比较突出，简单的语文课本已经满足不了我的需要，语文老师就借很多书给我看，就算是上语文课，我也可以堂而皇之地看课外书，老师一般都不管我。中学时代，我读了许多书，后来到大学中文系念书时，学校开出的必读书目，我有许多在中学时就读过了。

问：请给我们的孩子推荐一部作品。

答：优秀的儿童文学作品实在太多了。如果一定只能推荐一部，我希望大家能读读张天翼的童话《大林和小林》或者《秃秃大王》。不管它的主题思想如何，至少在某种程度上了代表了我们中国的童话在幽默和幻想上曾经达到的一个高度。

（2005年9月访谈，2015年8月经被访者修订）

章 红

写出儿童心灵的亮晶晶

写作可以把我们从麻木无感的状态中唤醒。

作家简介

章红,毕业于南京大学中文系,文学硕士。从童年时代起迷恋上了阅读,18岁开始在《少年文艺》发表小说,后成为《少年文艺》的编辑、主编,现任职于江苏少年儿童出版社文学编辑室,编审。出版有"章红'纯真时光'系列"六部:《放慢脚步去长大》《小猪和圆妈》《白杨树成片地飞过》《踏上阅读之路》《那年夏天》《木雕面具》;"章红'亲子'系列三部:《慢慢教,养出好小孩》《杨等等的顽皮时光》和《杨等等的成长时光》;此外,在成人文学领域也有涉猎,出版散文随笔《对幸福我怎能麻木》《你吸引怎样的灵魂》,长篇小说《我的日子还没来临》等。曾获冰心图书奖、江苏紫金山文学奖、南京市委宣传部"五个一工程"奖、金陵文学奖等。系江苏省作家协会签约作家。

学者点评

读章红的作品,总能从字里行间看见那束温柔而真挚的目光。无论是"纯真时光"系列还是"亲子"系列,她总在沉静地凝视和体味生命成长中的每一道风景,即便忧伤,即便疼痛,即便幽深,即便迷蒙,她都执着地用体恤的目光去抚摸、去穿透、去照耀。她的目光似乎永远葆有少女清纯而婉转的情调,也焕发着细腻而通达的母性光辉。被这样的目光理解着、欣赏着、安慰着、包容着、期许着、鼓舞着、明亮着,孩子们的目光也会更多一些欣喜,多一些信心,多一些坚定。

——谈凤霞

问：章老师好！我发现您早期的小说，比如短篇《白杨树成片地飞过》、长篇《那年夏天》，大多关注青春期的少女成长。您通过这类作品，最想传递给读者的是什么？

答：我是大学一年级开始尝试写小说的，那时青春期的记忆还很鲜明，心里贮存了许多情绪、许多念头，一些人物与一些故事，它们都奔突着要寻找出口。第一篇作品叫《依依满别情》，是大学写作课的作业，我把它投给江苏《少年文艺》，当时的杂志编辑刘健屏老师从一堆自由来稿中发现了它并发表出来。由此我开启了一系列青春题材的写作。

《白杨树成片地飞过》是其中一篇，我个人认为它是艺术上比较成熟的一个作品。这篇小说是一位女中学生的内心独白，它源起于一个真实生活场景：高二那年，我被选派去参加全国"奥数"竞赛，自知考得一败涂地，回程坐在长途汽车靠窗的座位上心情沮丧。那条公路两旁种植着白杨树，当我从沮丧中抬头注视窗外，就看到一排排白杨树迅即掠过窗口，一排排白杨树又滚滚扑来。

这幅画面就停留在我脑海中，成为整篇小说最重要的意象。你问我想传递什么，那么我是想写出青春期的泥泞与挣扎，以独白的方式剖析脉络，坦承心曲。一位读者形容这篇小说如同以强力断开一面山坡，形成一个剖面，你看到土层地下植物的根系、石块，还有各种矿物和叫不出名字的杂质，一切如此清晰地出现在这个平面的剖面上。

这小说至今留存在很多读者心中。我想给予它生命力的是那份真挚与勇气。小说的职责不是要做道德审判,而在于是否写出内心的真实,是否呈现真实生活的质感,那种复杂与纠结。

写作青春小说的过程让我对青春有了更切肤的理解。我以为是我个人独有的情绪,许多少年人都有相似的体验,成长过程中我所感受到的彷徨、痛楚,无数少年也正一点不逊色地经历。这使我感到,青春是否是一个独立的国度,这个国度的臣民,会有一些自己独特的话语。

章红《放慢脚步去长大》　　章红《那年夏天》《白杨树成片地飞过》

问: 近年,您创作了《放慢脚步去长大》系列,主人公年龄小了许多,是个小学生。由少女小说转写儿童小说,这样的变化有原因吗?

答: 我不是一个太擅长虚构故事的写作者,也不是一个对自己写作生涯很有规划的人,我写作更多是为记录生活,而且我总是要在情绪冲撞、情感喷涌的状态下才能写东西。当青春期的记忆用完,我就没法再写青春的故事了。与此同时,时光也推动我个人的生活进入种种新阶段、新状态,这包括女儿的来临,包括陪她慢慢长大的整个过程。

我恐怕还算一个称职的母亲，女儿一直在我身边，我跟她聊得很多。从女儿身上，我看到孩子感受快乐的能力，随时随地迸发的创造力，像石头缝里的小草，挡也挡不住地冒出头来。多年来，我总是将女儿随口讲出的话语、她的故事、她讲述的学校里的事情统统记录下来。当这种记录写满了一个又一个的小本子，创作的冲动就不可遏止地产生了。

当然，我不可能让我的小说局限在女儿一个人身上。我开始有意识地接触更多儿童，包括你后面提到的教授儿童写作这件事，也是希望能有机会了解孩子们，可能的话给他们提供一点帮助。我逐渐变成了一个儿童热爱者，我相信孩子是比成人更好的人类。

现阶段，我非常热爱写关于儿童的小说。我想写出儿童心灵亮晶晶的感觉，写出成年人对儿童的爱与困惑，写出这两个世界的冲突、对立、交融。

问：您将作品的主人公取名为"杨等等"，应该是别有深意的吧？

答：这个也来自真实生活，如同小说中所写，女儿小时候就是无论让她做什么都要说"等一下"的小家伙。很多父母对我说，我家孩子也爱说"等一下"。可见儿童成长的确有自身的节奏，为帮助他们成长，我们就要尊重这个节奏，而不是让小孩子一味顺应我们。

章红《慢慢教，养出好小孩》

尤其在这么一个迅猛变化的世界里，有时候，作为成年人要跟上都觉得吃力，孩子身心尚幼弱，就更需要父母给予悉心呵护。

问：听说，您考入大学时读的是化学系，后来因为热爱文学，转到了中文系。如果有一个由衷热爱理科的孩子，您认为他是否有必要阅读文学？

答：没有文学，这个世界一定少了一半的色彩。那不是太单调了吗？在阅读文学作品中，我们学到体会人类情感中细微的东西，变成一个有内心生活、有感知力的人。不管从事什么职业，灵魂中保留一点诗意都是重要的。

问：您曾经多年担任《少年文艺》的编辑及主编，接触过很多文学少年，您对他们有什么嘱咐？

答：爱上文学，是幸运的事情。

可以写作，也是幸运的事情。

那么，就不要让过多的功利心荼毒这两样美好的事物。

问：作为文学期刊编辑，您当时的用稿标准是怎样的？

答：我最看重的是作品有没有呈现真实生活的质感，有没有作者本人的真情实感。这个是骗不了人的，有就是有，没有就是没有。

问：您近年还常常去学校等机构教孩子们创意写作，这方面有什么体会跟大家分享吗？

答：这是非常有意思的经历！我一直觉得，人本来是会写作的，是后天的教育让我们一步步丧失了表达真情实感的能力，我们一步步地"学会"了不会写作。我尝试以自己的菲薄力量打破这个悲哀的链条,为此接受了南京古平岗小学的邀请,在该校开设一个为期两年的创意写作班。我要说,我真的赢得了孩子们的热爱!写作班有50名学生,从二年级到六年级,一个半小时授课时间并不短,每次他们都是瞪着晶亮的眼睛全神贯注地投入,从不存在什么维持纪律的问题。他们听课,思考,分享,写作,全身心投入到课程中。他们盼望讲述自己的生活。这真是难忘的体验。享受孩子们的热爱,这种感觉真的很好。

章红《踏上阅读之路》

问:"一步步地'学会'了不会写作",这话耐人寻味。最后,请给孩子们推荐一本书吧。

答:《所罗门王的指环》,是一位曾获诺贝尔生理学或医学奖的奥地利动物学家写的,书中的插图也由他绘制。无比优美,无比有趣。

(2015年9月访谈)

郁雨君 从千万株蒲公英里走出来

儿童文学写作对我来说,就是边走边看、边走边玩、边走边唱、边走边想、边走边爱……

辫子姐姐
郁雨君

作家简介

郁雨君，一个专心的儿童文学作家，无数小读者心目中那个亲切神奇、温暖优美的辫子姐姐。写的每一本书都和成长息息相关，温暖过无数透明孩子心。

主要作品包括"辫子姐姐心灵花园""辫子姐姐主题公园""辫子姐姐成长物语"等书系，迄今共出版70余部儿童文学作品，多次荣登全国少儿书开卷榜前列，曾获陈伯吹儿童文学奖、《儿童文学》小说擂台赛金奖等。

小读者们说："快乐的时候看，伤心的时候看，寂寞的时候看，从她的文字中感受一种清澈又温暖的东西，吸取一种可以快乐起来的力量。"

郁雨君说："为男生女生写作到底，是我一生的美丽口号。希望读了我的书的你，能够感受感恩长大的每一天。"

学者点评

郁雨君的许多文字都是特意写给女孩们的。她在小说里描绘女孩的世界，也在散文里和读者分享自己还是一个小女孩的时候所体验到的成长的不安与惶惑、欢乐与忧愁。郁雨君曾在她的散文里说，世界上再也找不到一件事比长大更有意思了。而她的文字正诠释着这样一份"长大的意思"。对于成长路上的许多女孩来说，郁雨君的作品就像一个温暖的"抱抱"，在某些心情暗淡的日子里，帮助她们重新寻回快乐和自信。

——方卫平

问：这几天上网一看，发现您的"粉丝"（是叫"雨丝"吧？）真多，大多是十几岁的少男少女，他们亲热地叫您"辫子姐姐"。这"辫子姐姐"的称呼是什么时候开始的？这个称呼您准备让大家叫到什么时候？

答：哈哈，有叫"雨丝"的，小一点的，爱叫自己"雨点"。最近到山东、浙江、广东，见到好多小学生、中学生，他们因为我是辫子姐姐，就又新起了一个名号，说都是辫子姐姐的"小梳子"，可爱又有灵感呀。

我留了十四年的辫子，从我的辫子越来越长、特征越来越鲜明开始，读者们就叫我辫子姐姐了，大概有七八年了吧，也有很多老读者习惯性地叫我雨君姐姐，所以，签名时我常常会写"辫子姐姐雨君"。

我觉得辫子唤醒了身体里的那样一个我：崭新、朝气，清新、灵巧，柔顺并且流畅。

如果可以，我想从辫子姐姐一直做到辫子奶奶。当然，那取决于我能不能一直葆有那种很天然的女生状态和心态。如果有那么一天，人生状态发生很重大的改变，我不

郁雨君《找呀找呀找朋友》

再有那种很天然的女生心态，这样，辫子只会成为束缚我的绳子，而不是一对灵巧的翅膀，那时我会毫不犹豫"咔嚓"掉的。

其实，对一个儿童文学作家来说，能长期地吸引读者读你、喜欢你，主要取决于我的文字和故事传递出来的那种属于自己的独特气质和情感吸引或者打动了他们吧，辫子最多只是一个形象的标签罢了。不过，如果形象标签和作品内涵能够有某种奇妙的呼应，对于十几岁的读者来说，会觉得更有趣吧。

问：您的作品时尚青春，对少男少女的心理把握细腻，语言也很前卫。这主要得益于您同年轻朋友的交往，还是自己本色的状态？我记得您给我的短信中曾有一句"我们都是没有成熟的大人"，印象深刻。

答：更多是自己的本色状态吧。我觉得我是一个幸运的人，不想长大，也一直如愿以偿活在很女生的状态里。我潜意识里是有点拒绝长大的，所以就用写作来成全自己，让自己以一种吻合自己天性的生命方式活着，这常常使我深深感到幸运和幸福。

我和别的成年人的很大不同是，通过写作和编辑这两件事情，我在更大的程度上不是在温习已经远去的成长，而是和我的读者们一起兴致勃勃地长大。这样一个在长大平方里生活着的人，当然是收获

郁雨君《当时实在年纪小》

更多了。

人有时无法改变与生俱来的东西,它镌刻在一个人的先天背景上。不过,我觉得随着我的长大和成熟,性格中那种热烈明朗一直在放大、放大,因为我遭遇了世界上最美丽的人群——女生,因为我遭遇了能让我快乐发挥的爱好——儿童文学。

我的心里有个永远不会长大的女生,她可大可小,通常的年龄感觉在9—18岁之间,我也随着心里的那个神奇女生写出一串大大小小、惟妙惟肖的女孩子形象。

对于现在的孩子尤其是女生们,不能说完全能读懂她们的心思,不过,可以不太费劲地和她们混在一起,爱她们所爱,和她们一起伤心,嗯,对她们的喜怒哀乐,经常有感同身受的感觉。我想自己女生到底了,基本上是不会变化了。呵呵,在岁月的河流里,以一种相对不变的形态驻守在原地。

问:您曾是《少女》杂志的主编,给不少男孩女孩写过信。在写那些信时,您把自己更多地定位于一个什么角色:朋友?知心姐姐?老师?一个理解你们的作家?那些书信往来对您的写作有影响吗?

答:我家的阳台上曾经有一堵信堆成的半面墙,那是在20世纪90年代末2000年初,电子邮件还不那么发达,我每周几乎都能收到上百封信。那几年里,我很疯狂地回

郁雨君《十三岁的秘密》

信，字虽然不太好看，心意全是真真的。虽然我不能解答他们全部的烦恼、疑惑和苦痛，但他们都是非常容易满足的孩子，只要收到我的回信，哪怕只有几行字，就很满足了，因为知道这世界上还有一个姐姐很诚心地关注着他们、倾听着他们。现在更大量的是邮件，我有公开的邮箱在我的书上 bianziyujun@126.com，周末和节假日是来信的高峰期，每个周六就是我的集中回信日。现在，邮件越来越多，我做不到每信都复，但尽力回复多一点再多一点。他们把我当作一个最熟悉的陌生人，他们对我充满美好的想象和深深的信赖。我更多把自己定位于一个善于倾听和分享并且尽力用自己的人生经验点拨他们的姐姐，不是老师，也不是作家。呵呵，还有孩子把我当作"大辫子同学"呢。我想他们都用最放松和自由的状态与我无所不交流。那些书信对我写作的影响，我想更多是一种源源不断的动力，他们就是我的甜蜜加油站。他们爱看你的作品，他们认真评判你，他们告诉你他们想看到什么样的故事，他们从你的文字里得到了些什么样的触动，让你觉得写作的意义所在，特别踏实，特别神奇。

其实，他们何止对我的写作有影响，对我的整个人生状态都有影响，他们以最大的坦诚和友善接纳了我，让我走进了成长部落，从此不可自拔。

问： 常听梅子涵老师提起您。梅老师对您最大的影响是什么？

答： 我是被梅子涵老师发现的，他给了我特别美妙的激励，还有格外优美的塑造。没有老师，我绝对不会是今天这个样子。

老师曾说雨君是一株蒲公英，可能湮没在田野里，默默羞怯地开。有一天从千万株蒲公英里走出来，被插在花瓶里，放在窗台上，放在钢琴架上,人们发现了她的独特和美丽。

那一天是老师在讲台上对所有中文系的新生宣布,你们中间肯定有作家的种子,等待被发现、被浇灌;是老师在第一堂小说课上,用他柔和明亮的男中音朗诵蒲宁的小说《轻轻的呼吸》;是我交出了第一篇作品,老师看着看着点着其中一段兴高采烈地读出声来……

老师的许多讲述沉淀在我心里,老师对我的影响绵延不绝在我的一生里,是各方面的——对文学的热爱,对世界的好奇,对成长的热情,对孩子的探索,对人群的友善……

即使现在我似乎写了不少书,可在老师面前,我永远还是那个为自己没有交出一份完美作业而惴惴不安的女生。

不久前的一个午后,老师对我说:"你是有特别的文字的,慢慢写,不要慌忙,其实一生可以写出的、值得写出的、最后能被搁在橡树木书架上的,不会有几本。很多年以后,我们都会离开,可是我希望,在那个书架上,我们靠在一起。"

我知道老师一直在注视着我,我觉得现在才刚刚出发,路途还很遥远,但那样向前走着,很美好,很有力量。

问: 看过不少作家给青少年的写作经验分享,我倒很想知道您是否有什么写作遗憾可以透露,让"雨丝"们引以为戒。

答: 青少年读者们千万不要有错觉,作家轻易就能把作文写得很棒,不是随手就啪啦啪啦敲出一大片文字的。当然,灵感来的时候,的确也有在键盘上指花飞溅,犹如小马驹撒开小蹄子欢奔一样。呵呵,我多么享受那样的时刻呀。

我想,对于你们来说,首先不要害怕,我也经常会在写作时大脑一片空白。在这样的时候,就要放松,做些自己喜欢的事情,比如漫无边际地想自己喜欢的事情，比如听歌，比如胡乱抓一本自己喜欢的书或者杂志，或者吃你喜欢的东西，放松自由的状态才会有灵感浮现。不过，不要一放松就无边无际了，那是写作前有限、有方向性的放松，你得抓起笔写点什么出来，只有写是最可靠的。我有这样的体会，有的在当时很痛苦状态、很枯涩状态写出来的东西，事后读却感觉很润滑、很流畅。

其次，我觉得你们很有写作的热情，可写的时候往往千头万绪，不知从何着手。我想告诉你们，随手乱抓是没用的，这时候你们要冷静而有眼光，选择从其中一个有趣点或者亮点特别切入。写一篇作品的时候，当你们的激情一涌而上的时候，不要贪婪哦，想什么都写到，用上所有的好句子、所有的好想法，要懂得取舍，懂得留空，懂得朴素简单比浓彩厚墨更有回味。呵呵，因为我看到很多的你们的写作开始有华丽风的倾向。

再则，任何一个作品，再小也是要有完整构思的，不要随意、任意动笔，不要没想好就开始敲字。从某种程度上说，写作既是激情四射的，也是严肃郑重的。

我希望你们有耐心去学习一些写作的技术，这可以从你们喜欢的作品中吸取。你们需要反复地阅读，仔细推敲，就把它们当作你们写作的教材，去注意作家是用什么来打动你们、征服你们的，是语言的动人还是人物的个性，是气氛的营造还是情节的精彩，他是怎么开头、怎么用词、怎么控制整体节奏的。在阅读中学习，在阅读中吸取，你们会有很多宝贵的收获。

最后，我想说，长期的写作是需要勇气和天赋并存的一件事情。对于年纪小小的你们，我还是更多希望你们把写作当作一件很有乐趣的事情，通过这件事情来表达你们对世界的看法、你们的真实的喜怒哀乐，不要搀杂太多别的目的。保持纯净的心态、纯粹的探索的乐趣，以及一往无前的天真勇气，写作会带给你们意想不到的长久的快乐和力量！

问： 以您的经历体验，童年、少年时期的阅读应该注意些什么？

答： 让孩子走进书海，自由宽广地阅读，进而发现自己真正的兴趣所在。

我是被丰富多彩的阅读一路牵引长大的。在我的成长期，爸爸妈妈和老师向我开放他们的所有藏书，由着我尽情阅读，童话、百科全书、科普、民间传说、妈妈订阅的杂志、爸爸厂里的金属工艺书……我还记得第一次在《世界之窗》杂志上看到世界上第一个试管婴儿的事情时那种翻天覆地的感觉，第一次对世界、对生命有了颠覆性的崭新认识和了解。

所以，打开书架，尽可能提供给孩子丰富的书，我希望他们的口味驳杂一点，选择更宽泛一点，兴奋点也多一点，这样就不会趋同于某一类或某几类书。孩子是最善于吸收和发现的人种，他们会从不同的书籍，比如社科类、人文传记类、侦探悬疑类等，获取各种有趣的营养或者古怪的灵感。他们会在不同时期遭遇这样一本或两本契合自己气质和兴趣，让他们对整个世界和人

郁雨君《爱找东西的男孩》

生有焕然一新认识和思考的书。这样,被阅读如影相随地长大,世界就变成了一个不断打开了一重重大门、不断发现、不断探索、不断喜悦的无限乐园。

培养一些特别好的阅读习惯,我提倡返朴归真的朗读、摘抄和随性的读书笔记。我从小到大就是这么一路来读书的,这样的阅读会变得有声有色,有形有动,更有魅力、影响力、渗透力,这样可以避免一些不痛不痒的浅阅读,可以远离一些电视、电脑的诱惑。

问: 您认为什么是"成长"? 在您看来,好的成长小说是怎样的?

答: 成长就是你所经历和体验着的每一刻、每一秒,每一个人、每一件事。

成长是一个会生长、会变化的字眼,有各种各样的比喻:掉牙齿了,长羽毛了,褪壳了……再也找不到一样事物像它那样日新月异、从头到脚连带灵魂一起变化。它一点也不悬空,相反,它最丰富、最实在。要是你敏感一点、仔细一点,每天都能感觉到它带着你往前赶,速度不是很均匀,不小心的话,你还会倒退,甚至摔跤。我希望每个孩子都能感受并且感恩着成长的每一天。

在我眼里,好的成长小说,是能够拨开成长期缭乱跳跃的表

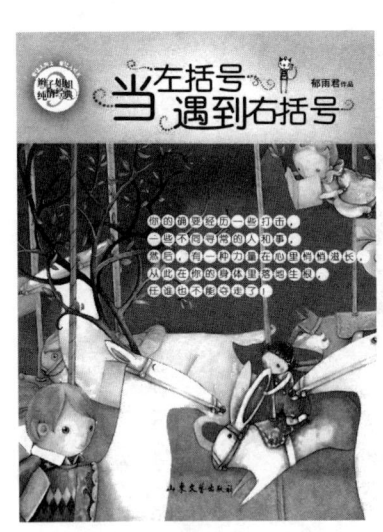

郁雨君《当左括号遇到右括号》

象,做到率真不失控、清浅不肤浅、感性又深邃。一个能够写出好的成长小说的作家,要有某种强大而敏感的品质,具备写出和构思出一流的语言和故事的素质。

问: 按这个标准推荐一部作品如何?

答: 只能推荐一本吗,有点少啊。那么,我推荐美国作家维多·马汀尼的《烤箱里的鹦鹉》,我读了不下 10 遍,一个少年面对世界、面对生命、面对种族文化的那种自然坦荡的态度和有趣意外的审视让我入迷。它是清澈、勇敢和诚实的,率真而不失控,充满懵懂的忧伤和幽默,语言和故事都是一流的。哦,我一生都会梦想能写出这样一部作品来。

(2007 年 11 月访谈,2015 年 8 月经被访者修订)

王一梅

月亮河中漂来的故事

读一本书,不光读出一个故事,更要读懂故事中的人物,读懂写故事的人。

王一梅

作家简介

王一梅,1970年生于江苏太仓,就职于苏州市职业大学教育与人文学院,儿童文学研究所所长,一级作家,苏州市作家协会副主席。

出版图书200多册,代表作有长篇童话《鼹鼠的月亮河》《木偶的森林》等,小说《城市的眼睛》《一片小树林》等,短篇童话《书本里的蚂蚁》《蔷薇别墅的老鼠》等。

获中宣部第十届精神文明建设"五个一工程"入选作品奖,中国作家协会第五届和第六届全国优秀儿童文学奖,第五届国家图书奖等奖项。

学者点评

在我的阅读记忆里,王一梅的作品从来没有让我失望过。她的短篇作品《书本里的蚂蚁》《胡萝卜先生的胡子》、长篇作品《鼹鼠的月亮河》,都可以用以标示中国原创儿童文学作品所达到的一定的艺术高度。王一梅笔下的故事历来情节生动、曲折,同时在自然展开、富于情理的线索中收放开合自如,而且不失细节的丰满、蕴藉。读过《鼹鼠的月亮河》,我还想回味那些清新、愉悦的感受,而放下《木偶的森林》,我则想把感性的故事还原、梳理成关于人生的思想。

——朱自强

问：先从您的长篇童话《鼹鼠的月亮河》说起吧。这部童话的最初创作动因是什么？

答：2001年年底的时候，应浙江少年儿童出版社的邀请，我准备写一个长篇童话。当时我的儿子刚刚读小学一年级，对环境感觉陌生，对新的学习模式也不适应，他开始担心自己的学习，甚至问我，五年级和六年级的功课是不是更加难，他能不能通过。据我所知，这是好多刚刚进入新学校的孩子普遍担心的问题。于是，我决定写这个关于成长的故事，告诉孩子成长是一种过程，这个过程要经历变化，经历失败，甚至经历痛苦，但是，只要乐观面对一切，通过自己的努力最终是可以获得成功的。故事里的主角米加就是一个先天不如别人的孩子，但是，他一直很乐观，他善于思考，勇敢地面对陌生的环境，经过不懈的努力，他获得了成功。我想通过这本书，让孩子获得信心，也让家长对自己的孩子充满信心。

王一梅《鼹鼠的月亮河》

 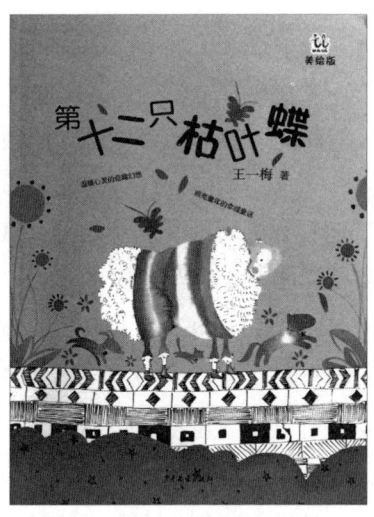

王一梅《书本里的蚂蚁》　　　　王一梅《第十二只枯叶蝶》

问：这部童话鲜明地体现了您的创作特色，抒情意味非常浓郁。您是怎么处理情节与意境的融合问题的？

答：童话是叙事文体，所以，故事情节是非常关键的问题，必须有一个完整、曲折或者有悬念的故事情节。《鼹鼠的月亮河》是围绕米加的成长经历来安排故事情节的。

在安排好情节以后，就开始考虑用怎样的语言来讲述，我选择用抒情略带一些幽默的语言来讲述这个关于成长的故事。应该说，这个选择体现了我本人的创作喜好，另一方面也是由故事情节所决定的。

在写作过程中，我力求让文字准确地表现情节，表现人物性格。当思维紧紧地围绕主人公的命运运转的时候，生活中相似的经历和情感就涌现出来，情感的、道德的以及对人生、对生活的综合体验似乎像轻轻的雾一样飘动在我的心中。我尽力捕捉这种感觉，希望回荡在心中的薄雾穿透树叶，穿透阳光，飘散在树叶间，落在我的文字里。这种雾一样飘动着的东西也许就构成了意境吧。

问：能谈谈您小时候的语文学习特别是写作情况吗？

答：我从小学三年级开始学习写作文。四年级的时候，我偷偷地写系列小说，和儿童文学无关。现在想来，一定是非常非常幼稚的，当时自己就没有信心，把稿件藏在一个秘密的地方，一直都没有给任何人看过。藏得久了，自己也找不到了。

尽管这样，我的妈妈还是发现了我喜欢写作的天性。为了让我写好《愉快的暑假》，她带我去河里摸螺蛳，带我去水田中抓蚯蚓喂鸭子。她不懂得作文素材来源于生活的道理，但她就是这样做的。

妈妈还给我阅读外国名著。从妈妈那里，我知道了莎士比亚、巴尔扎克等名作家，知道了善良、勇敢、智慧……我，一个小镇上长大的孩子，通过一本又一本书，知道了离小镇很远很远地方的故事，也因此知道了世界有多大，人的心灵可以有多丰富。妈妈没有研究过阅读对于儿童的重要，她只是把喜欢文学给了自己的孩子。

一位母亲的情趣，对于孩子的成长是多么地重要。

问：您是怎么辅导您孩子的语文学习的？

答：从一年级开始，我就告诉

王一梅《木偶的森林》

王一梅等《王一梅教你写作文》

张颖等《苏州作家研究——王一梅卷》

他学习是自己的事情,任何人都替代不了,所以,不能指望父母陪伴做功课。我告诉他学习的方法,第一要预习,第二上课要认真听讲,第三要多做练习,熟能生巧。

我会给我的孩子阅读诗歌、讲笑话,让他练习复述或者编新闻。有的时候,也让他看我写的童话,儿子还会给我指出缺点,比如,有些文字他认为不太有趣,还有些文字他认为有些啰唆。

在写作方面,我从不给他讲如何写作等,我只是在平时外出的时候告诉他应该如何观察,如何说话。比如,在他说了一句有趣的话的时候,我就告诉他,这句话说得好,以后写作文就这样写,让老师读了你的作文笑出声,这就是你的本事。

问:我知道您现在也在从事童书的推广工作,您心目中的优秀童书是怎样的?

答:我们苏州市作家协会儿童文学分会和苏州市沧浪少年宫合

作成立了苏州少年写作基地。其中，蒲公英公益阅读长廊的主要任务是推广阅读，定期安排作家和孩子的见面会，每月向会员免费传递阅读信息，内容主要为推荐优秀作品和讲解阅读方法，以及发表孩子的读书体会。

我认为，当前孩子的阅读数量和质量都无法保证，这不是家长故意的，很多家长也很焦急，但苦于不知道给孩子读什么书。我去了很多学校，常常会被家长围住了要求开书单。我给孩子介绍书的时候，坚持两个标准：健康的和艺术的。童书一定不能是颓废的、暴力的和低级的，而应是健康向上的、有力量的。我说的艺术的，是指具有审美价值的文学作品。学校、作家和一切爱护孩子的人，都有义务也必须坚持一定的标准，推荐真正适合孩子阅读的书，让健康的、艺术的书走进孩子的生活，像种在孩子心灵上的一颗种子，在成长过程中生根、开花和结果，让孩子远离黑暗与邪恶，走近快乐和优秀。

王一梅《城市的眼睛》

王一梅《一片小树林》

问：如果请您给孩子们推荐一本好书,您选择哪本?

答：我在蒲公英公益阅读长廊第一期重点推荐的文学作品是《安徒生童话》。安徒生的童话所表达的思想和智慧,所展现的想象和幽默,带给人们心灵上的安慰、情感上的满足,值得我们世代相传地阅读。

同时,我还推荐知识类图书《可怕的科学》系列。我欣赏这套书,作者用幽默的方式讲述可怕的科学,充满了人文精神,让我们看见了科学的奥妙和科学家的伟大。我想,读一读科学书也非常有益。

(2005 年 6 月访谈,2015 年 8 月经被访者修订)

杨 鹏

喜欢沉浸在想象的世界

不必是最好的,但必须是与众不同的。

作家简介

杨鹏,笔名雪孩。中国首位迪士尼签约作家,中国作家协会会员,中国儿童文学研究会副秘书长,中国科普作家协会理事,北京作家协会理事、儿童文学委员会委员、签约作家。文学硕士。现供职于中国社会科学院文学所。出版作品100多部,计1000多万字。主要作品有《装在口袋里的爸爸》《校园三剑客》《幻想大王奇遇记》等。作品还有中国第一部大型科幻话剧《带绿色回家》,动画片《少年狄仁杰》(104集)、《千千问》(128集)(均由中央电视台拍摄)等。曾获中宣部"五个一工程"奖、宋庆龄儿童文学奖、中国科幻银河奖、全国优秀科普作品奖、国家图书奖、中国图书奖、中国电视金鹰奖等各类国家级以上大奖20多次,多篇作品被翻译成英、日、韩等多国文字,在海外出版。

学者点评

杨鹏是一个安静而温和的人,可是读他的童话,却时时感受到他内心火山岩一样滚烫的奔突汹涌的力量。杨鹏总是试图透过纷繁复杂的生活表象,来俯瞰现代人迷乱的生活空间,也试图在童话中,以儿童的想象和稚拙,来寻求现实人生的答案。

——李学斌

问：您把自己的笔名取为"雪孩",有什么特别的故事吗?

答：有,一个很唯美、很让人心痛的故事,不过不能公开(听众小声说:"杨大虾在卖关子啦!关子多少钱一斤?")。真实的原因是,小时候看过动画片《雪孩子》,喜欢里面那个纯洁无瑕的小雪孩,所以起了这个名字。

问：是否可以谈谈您的幻想文学阅读之路?

答：可以说,我是读着幻想文学长大的。我1972年出生,读小学一年级的时候,正值我们国家的"科学的春天",当时十分强调科学精神。1978年到1981年,我国的科幻文学十分繁荣,出现了大量优秀的作家、作品,如叶永烈、郑渊洁等。同时期,我也接触了大量国外的科幻作品,印象很深的有《铁臂阿童木》《森林大帝》《尼尔斯骑鹅旅行记》《变形金刚》(动画版),以及电影《星球大战》等。我那时认为世界上有两种职业是最吸引人的,一种是爱因斯坦那样的科学家,一种是凡尔纳、郑渊洁那样的科幻、童话作家。

杨鹏《装在口袋里的爸爸》

我对郑渊洁的作品有很深的感情。被称为"童话大王"的郑渊洁，他发表第一篇作品时，我正好上小学一年级。我读他的童话一直读到上大学，到自己也成为一个儿童文学作家，到现在。第一次见到郑渊洁的时候，我记得当时身边的音响里在放一首歌，歌里唱"我想成为你"。那正是我童年时代的感受，我渴望变成郑渊洁，变成像他一样写童话的作家。小学时，我已经读完了能搜集到的所有的幻想文学作品；四年级时获得了"红领巾读书奖章"，得到的奖品是一张图书馆的阅览证。我记得借的第一本书是《希腊罗马神话》。这是我至今喜欢的书。后来读大学，大学一年级老是逃课，逃课做两件事，要么是去听一位科幻作家老师的课，要么就是躲进图书馆看科幻小说。我用一年时间读完了北京师范大学图书馆里所有的科幻书籍，这为我后来的科幻创作打下了很深的基础。

问：接下来得请您给我们做一点启蒙工作，介绍一下幻想文学的基本知识。

答：先说门类。从体裁上说，幻想文学分为科幻小说、童话、魔幻小说、奇幻小说。按年龄段分，一般分为成人幻想小说和提供给儿童阅读的未成年人幻想文学。科幻小说，是以科学为背景的文学。如凡尔纳的作品。它的构思逻辑、结构方式都是科学的。我们通常所说的魔幻文

杨鹏《幻想帝国》

学则是对欧美传统魔幻文化的一个移借,扎根于欧洲传统文化。如《哈利·波特》《魔戒》等。童话是面向未成年群体的文学形式,既无科学因素,也无魔幻文化背景,强调童真的因素,行文天马行空。奇幻文学与前面的几种形式相似,类似于童话,不过它面向的是成人读者,无拘无束,可以跨越任何领域。

关于这几种形式,我们用一把扫帚来说。想让一把扫帚飞起来,在科幻小说里需要一台发动机,在童话中可能需要一个仙女的咒语,在魔幻文学当中需要一位魔法师的魔法,而在奇幻文学当中,什么都不需要。

再如隐形人。魔幻文学中念个咒语就可以隐形,科幻小说里需要有一堆科学道理来解释,奇幻文学中可以不要咒语也不要科学,你想让自己隐形就隐形,而童话里的隐形人,是要适合小孩子想象的隐形人,不能太恐怖。

问:您对中国的幻想文学是怎么看的?

答:在中国,幻想文学有着源远流长的传统。从远古神话——女娲补天、大禹治水、夸父逐日,到《道德经》《山海经》《搜神记》、唐传奇、明清神魔小说,比较著名的如《西游记》《封神演义》《镜花缘》,都是幻想文学的经典之作。但是到了20世纪,幻想文学的发展在我国出现了断裂。虽然有很多大家提倡幻想文学的写作,比如鲁迅先生,他提倡幻想文学创作,并亲自翻译了凡尔纳的一些科幻小说,但总的来说,文学界更盛行一种"文以载道"的理念,注重文学为现实服务,为政治服务,抛弃了幻想文学的传统。社会也崇尚"子不语怪力乱神"这样的论调,认为鬼神怪离社会生活太远。这也是断裂发生的原因。

20世纪90年代，幻想文学的发展也是非常衰弱的。1997年我研究生毕业，毕业论文的选题是"中国九十年代幻想文学的研究"，当时能搜集到的幻想文学作品长篇和中篇加起来不到20本。我们国家国内文学界每年的作品总产量数以万计，而整个20世纪90年代，与幻想文学有关的作品却连20本都不到。这个现象很不正常。直到20世纪90年代末到21世纪初才有改观，尤其是《哈利·波特》等幻想作品的出现，对我们产生了极大的冲击，出现了不少幻想文学作品。但总的来看，仍然太少，这是非常令人担忧的现象。

问：在儿童文学界，写作科幻作品应该属于孤独者吧？

答：没办法，从小就喜欢上了，长大了想摆脱也摆脱不掉。另外，我是一个很愿意当另类的人，那种感觉很酷。还有，孤独的感觉也不错。

杨鹏《校园三剑客
——超时空少年》

问：您认为写作科幻作品最需要具备哪方面的素养？

答：最重要的是想象力，其次还是想象力，第三仍是想象力。至于科学的素养、文学的素养，都是可以通过后天学习获得的。但想象力有时是学不来的，要不让它随年龄的增长流失也不容易。

问：您曾说"从小特别容易生活在自己想象的那个世界里"，您的丰富的想象力是与生俱来的，还是来源于生活或者阅读？

答：应当说是与生俱来的吧。作家都是那种喜欢沉浸在自己的想象世界中的人。至于生活与阅读，一个令我的想象更加具象，一个使我获得将想象的事物写成文字的写作技巧。

问：科幻作品似乎更受男孩的欢迎，您是否有这样的感觉？

答：对啊！不过，喜欢科幻的女孩也不在少数——我收到的读者来信，竟然女孩的来信数量超过男孩。

问：对于卡通、动漫之类在孩子中的流行，您持什么观点？

答：我认为很好。卡通、动漫是另一种叙事语言，它和文字没有谁高谁低之分。如果为了抬高文字阅读的地位，而贬低卡通和动漫的阅读，这种做法也不可取。正确的做法是双管齐下，并且，应当告诉孩子哪些卡通和动漫是优秀的，哪

杨鹏《杨鹏幻想系列——耳朵出逃》

动画片《少年狄仁杰》海报

些是有害的——就像告诉孩子黄色小说不能读一样。

问：您说自己"在大学和研究生阶段的生活费全是靠稿费挣的",那么您的写作是出于内心灵感的不断涌动还是迫于生存的压力?

答：应当说主要是受内心灵感的召唤——生活的压力只在极少数时候对我产生一点影响。

问：您女儿喜欢阅读您的作品吗?有什么评价?您指导她的阅读和写作吗?

答：我女儿非常喜欢我的作品。在她读五年级之前,她几乎只看我的作品,不看别人的作品(但到了五年级,开始喜欢上其他作家的作品,这半年迷上了《哈利·波特》,看了原著还不够,反复看DVD,看了DVD还不够,又从网上找同人文看)。她觉得我的作品没有那些貌似富丽堂皇、实则很没意思的废话,情节也十分吸引人,让人一看就放不下。

我从来不指导她的阅读和写作,因为我提倡自主阅读。另外,有时是她指导我的阅读和写作。她告诉我他们学校流行什么书,我写作时,她站在旁边,告诉我有些话他们小学生这么说,不那么说,有些想法,他们这么想,不那么想。她还常常为我提供一些奇思妙想,成为我新书的点子和构思。女儿作文很好,五年级第一学期期末,她的语文是满分。因为是五年级,不能轻易地给学生满分,改卷老师找了好几个语文老师来给她的卷子挑毛病,但是,包括作文在内,老师们看了几遍都没找出毛病来,最后还是只好给她满分。女儿是个学霸,基本上都是考第一名,当大队长、班长,同学们很服她。但是，她的心态很好，没有把成绩、荣誉太当回事，也从不跟任何人炫耀（许多事情，我们是从老师那儿知道的），更没有想过要出书、上电视什么的，始终保持着平常心——这是我最欣赏她的地方。

问：请给孩子们推荐一部科幻作品。

答：我推荐美国科幻作家卡德的成名作:《安德的游戏》和《安德的影子》，这可能是我从小到大看过的最好的科幻小说。

（2005年5月访谈，2015年8月补访）

韩青辰
我写作只为我的心

杰出的书籍是人类忠诚无私、永恒不变的朋友。

韩青辰

作家简介

韩青辰，一级作家，中国作家协会会员，毕业于南京大学中文系。获得《少年文艺》好作品奖、《儿童文学》小说擂台赛奖、第十四届冰心儿童文学新作奖、第十五届冰心儿童文学新作奖大奖、陈伯吹儿童文学奖、第七届全国优秀儿童文学奖、首届《儿童文学》十大青年金作家奖、《儿童文学》金近奖、"周庄杯"全国儿童文学短篇小说大赛一等奖、侦探小说奖、金盾文学奖、十年江苏报告文学奖、江苏省"五个一工程"奖等。在读者中有影响的书有《小证人》《茉莉天使的成长圣经》《飞翔，哪怕翅膀断了心》《我们之间》等。

学者点评

在眼下的通俗文学的大潮中，韩青辰可说是一株独立支撑的树。虽不是参天大树，但只要长着深根，有自己蓬勃的真生命，又有源头活水，那就一定会长大。所谓文学的大树，有时未必取决于如何高产，作为小说家的鲁迅其实作品就不多，关键还在于写出无愧于时代和心灵的、能独立于中国与世界文学之林的第一流的佳作。青辰会有这样的作品吗？她值得我们这样期待吗？这只能由她自己来回答。

——刘绪源

问: 您是一名警官,这个身份为您的写作带来了什么特别的地方?

答: 事实上,我很少意识到自己是警察,特别是在读书写作的时候。我想,即使我不是警察,是一个刨地的庄稼人,我也会热爱读书与写作。决定我写作的不是职业,而是我的性格、兴趣、对文字的迷恋和深信。

穿警服的韩青辰

很小的时候,我就喜欢一个人,而且一个人的时候总是兴致勃勃的,我活在自己的想象里。我觉得一切都可以寄托深情,哪怕是一片飞过头顶的落叶。大学的时候,我开始写作,但酝酿写作这件事应该在很久很久以前就开始了。初二的时候,我在数学练习本上偷偷写过两篇小说:《妞妞》《中华牙膏》。其实,它们最早奠定了我写作的基调。

警察是这个世界上牺牲最多的职业,它在我心底很崇高。它让我不知不觉感染了一种精神,下笔的时候我会情不自禁地很重,总是在想责任、良知、公平这些沉甸甸的词。感谢上帝让我成为警察,否则我不会活得这么脚踏实地。

问: 您采访过不少监狱、少管所、戒毒所的孩子,这种经历是否让您对童年多了一份认识?

答: 因为工作的原因,这些年,我去过很多常人去不到的地方,比如监狱、刑场、看守所、戒毒所、收容所等,接触过死刑犯、重刑犯、少年犯、流浪儿。特别是看到花季的孩子在迷惘、在沉沦、在犯罪,那种痛心等采访过去很久也不能平息,直到把它们诉诸文字。我写这些文字的目的是引发人们思考如何援助、拯救这群孩子,如何遏止类似的悲剧不再重复,如何引起成人世界的自醒,如何让全社会来关注、帮助他们。

我不觉得儿童世界与成人世界可以一分为二,因为世上只有幼稚园,尚无幼稚国。童心绝不仅仅是青荷上出污泥而不染的花朵。更多的,我担心其上侵染的尘埃与阴霾,它们小则决定和影响一个人、一个家庭的命运,大则危及全社会的文

韩青辰《飞翔,哪怕翅膀断了心》

明与安宁——几乎所有罪犯,追根究底都有一个问题童年。我总是相信,童年阴影越早医治,就越可以保证他们个人获得健康的人生,社会也能添加更多的祥和。健全童心等于健全未来新世界。

问:在您的这些作品中,哪一部让您投入最多,感触最深?

答:《小证人》。

它是我最大的使命,也是写作之初的梦。经历了长期的等待、酝酿、储备,从 2010 年 9 月开始,到 2014 年 3 月修改最后一稿,是最专注、最投入的一次写作。当时终日抱着书稿,哪怕坐公交也随身携带,反复推敲、琢磨。许多细节和句子直接来自梦境。更多的时候,我生活在小说里而忘记了现实,那种亦真亦幻、进进出出的做梦样的创作历程很珍贵、很难忘。我写作只为我的心,哪怕全世界不认可,我也要这样写。为此,我一直觉得"炼心"是写作的前提。

韩青辰《小证人》

问:"我写作只为我的心"?

答:是的,我写作只为我的心,我没有屈服过任何力量。名利、市场、畅销、流行、编辑意见、读者口味,我从不屈服。

问:可以谈谈您少年时的读书经历吗?

韩青辰《韩青辰作品精选》

答：9岁的时候，哥哥送给我一本《世界优秀童话选》，那时候没有书读，这几乎是我唯一的家产。但是，真正让我产生文学感觉的，是那年读的蒲松龄的《聊斋志异》。我喜欢这本书，仅仅因为作者的名字和我哥哥一样，它为我打开了一扇奇异的门。这本书奠定了我的阅读兴趣和品位。

我喜欢的书很多，但是反复读的只有几本。像《红楼梦》《红与黑》《战争与和平》《唐诗宋词选集》《菜根谭》《圣经》等。青春期迷过严歌苓、萧红、废名、汪曾祺、沈从文等。

最震撼我的作家是托尔斯泰，他的《战争与和平》是关于"巨著"两个字的活雕塑。让我确定文学梦想的是欧文·斯通《梵高传》里的梵高，我一直觉得《梵高传》最能激发生命梦想。让我开始写作的是聂华苓的《失去的金铃子》。写作训练之初，我喜欢读阿加莎·克里斯蒂和迟子建、王安忆等。成年后，曾用舍不得一口气读完的节奏反复读肖洛霍夫的《静静的顿河》。

好书实在太多了，它们站在我面前常常让我愧疚、不安与焦虑得喘不过气来。我知道即使一生什么也不做，一分钟也不虚度，我也无法读完。而只要想想它们任何一本，我便只能低下头去终生老老实实做个小学生。

问：您认为怎样才能学好语文？您辅导过女儿的语文特别是作文吗？

答：生活处处是语文。我承认，对语文的学习，我是最轻松、最愉快的，仅仅是清晨大声诵读与掌握字词那么简单，其他的都是自己通过阅读去感觉出来的。语文老师都很喜欢我，我感觉我们的关系是真正的教学相长，互相发现、互相启发。语文不是老师教出来的。

语文要学好，除了读书（阅读加诵读）外，可能还跟修身养性、日常生活能力、认知能力的提高相关。所谓情商的打开吧。这一点可能许多人没意识到，一个在生活中迟钝、木讷、冷漠的人，注定学不好语文，而一个语文成绩很好的孩子，一定是个内心世界丰富、敏感、善意、激情的人。

语文的学习绝不仅仅是书本学习，应该注重到生活中去感悟和提高。生活中一切的关系、情绪、感觉，其实都是语文。

我不辅导孩子学语文，也不辅导孩子写作文。但我从她在我肚子里的时候就开始给她读书，一直读到小学二年级她自己能阅读为止。此后，我只会给她开书单。再大一点，我只是建议她可以读什么。随着年龄的增长，她会摸索出自己的阅读之路。就像船行于海，儿时经典化的阅读品位已成为她的灯塔。

她的语文和作文成绩未必是最

韩青辰《茉莉天使的成长圣经——女巫梦》

高分，但她的语文能力很好，她有良好的文字感觉，她还懂得创作。我认为我的辅导是成功的，也是终身有益的。我认为妈妈给孩子最好的爱，就是每晚给孩子朗读。

问：请给低年级和高年级学生各推荐一本书。

答：推荐之前，我首先想跟孩子们声明，不要相信任何人的推荐，一定要自己到书堆里去寻找那一本或几本最适合你的书。书就是朋友，肝胆相照的朋友注定只有那么几个，不会遍地都是。

不同气质、兴趣、品味的孩子所需要的书是不一样的。只要是真正的文学典籍，读了让自己焕然一新，感觉被书启发了、更新了、唤醒了，有种复活的喜悦，内心充满希望和力量，觉得整个世界都是新的，变得无所畏惧，那么这本书就是你的知音，它最适合你。哪怕它从没被人提及过，要相信自己。更要相信真正的好书，它的确具有摧枯拉朽的能量。

我的推荐仅仅是作为大家的参考。我觉得低年级的孩子应该熟读《论语》和《唐诗》，在良好的国文基础上，拥有了一定的文字能力和审美情趣，再去读文学作品。这个世界为低年级的孩子准备了许多好书，如果只能推荐一本，那就是《窗边的小豆豆》。它亲切温馨，让我们随时随地处于一种美好的关系之中。

高年级的孩子当然是在此基础上，去读《小王子》吧，再没有比它更单纯、更深刻、更完美的一本书了。当然，再大一点，可以读米切尔·恩德的《永远讲不完的故事》和《毛毛》，它们会点燃我们智慧的火花。

（2011 年 1 月访谈，2015 年 8 月补访）

孙卫卫
一直保持孩子的心态

阅读让你与众不同。

作家简介

孙卫卫，生于20世纪70年代，陕西周至人。1998年毕业于南京大学中文系，曾任《中国新闻出版报》总编室主任、编委等职。现为机关工作人员、中国作家协会会员。

1990年开始发表习作，著有《班长上台》《小小孩的春天》《喜欢书》《熊小雄成长记系列》等儿童小说、散文集等20余部。获全国优秀儿童文学奖、冰心儿童文学新作奖、"《儿童文学》十大青年金作家"称号、中国新闻奖等。

学者点评

依然拥有一颗少年心，是孙卫卫成为一个作家的最大理由。我读那些明快而幽默的文字时，似乎听得到用电脑写作的孙卫卫的手指和键盘一起奏出的踢踏舞步似的欢快雀跃的声音。为孩子们写作，保持少年心可是一种十分珍贵的可遇不可求的精神状态。对孙卫卫而言，童年和青春时代并没有像穿小了的被脱去扔掉的旧衣服，虽然他走出了孩子的现实的生活状态，但是，却没有走出洋溢着单纯和梦想的少年心境。

——朱自强

问：最近，集中读了您的一些文字，深深感觉到了您的单纯、善良与扑面而来的朝气，我想，这应该是朋友冠您以"阳光大男生"雅号的由来吧。是不是因为这种性格，您走上了儿童文学的道路？

答：肯定有性格的原因。假设我是另外一种性格的人，比如复杂与深沉，不喜欢小孩子，拒绝快乐和幽默，我也许不会走近儿童文学，不会写好儿童文学。我希望自己一直保持孩子的心态，一直和儿童文学在一起，和孩子们在一起。

喜欢儿童文学还跟我从小阅读《儿童文学》《少年文艺》这些杂志有关。我是读着它们长大的，从第一次写作文就受儿童文学作品的影响。那时候想，如果将来能成为作家，就成为儿童文学作家，后来这个愿望越来越强烈。

社会上有人称儿童文学为"小儿科"，反映了对儿童文学的不重视。我前些天看作家冰心 1982 年在一篇文章中写道："有人把儿童文学当作'小儿科''下脚料'来对待，这是不对的。其实，'小儿科'在医院里是最难的一科，因为病人不会对你说他的感受。因此儿童文学也是最难写的。"是这样，小儿科，在

孙卫卫《班长上台》

孩子成长过程中，怎么能离得了呢？

问：说得好，"小儿科"不表示不重要。我发现您在一些文章中透露了自己小时候的很多不雅事，诸如胆小、抄试卷、捡别人掉在地上的馒头吃，等等，不担心有损自己在小读者心中的形象吗？

答：都是小时候做过的事，现在回想起来并没觉得有什么不好意思，我把它们写出来也许会和读者走得更近。不是为了和读者走得近才写出来，是我想写出来。我觉得这些事真的很好玩，比如因为胆小，

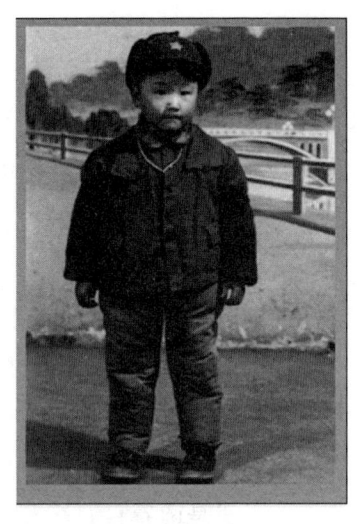

童年时的孙卫卫

发生了很多尴尬的故事，我就希望现在的孩子不要再胆小；捡别人掉在地上的馒头，那是因为我的父母都是农民，我从小知道粮食来得不容易；抄别人的试卷，当然不好，应该批评，如果重新上中学，肯定不做这样的事了，要做一个好学生。

问：不少介绍您的文章都会提及您学生时代获"雨花杯"全国十佳文学少年的事，那次的获奖对您的影响很大吗？

答：知道自己成为"雨花杯"全国十佳文学少年候选人，是1994年5月底，刚刚从南京大学面试回来，在西安钟楼邮局报刊中心买的《全国中学优秀作文选》杂志上看到的。知道自己获奖，是五个月后接到母校老师的通知，那时，我已经上了大学。我所在的

大学高手如云，我的这个奖根本算不了什么。

有几次别人介绍我说曾经获得过这个奖，我总是摇摇头，很不好意思。我没觉得获这个奖有什么了不起。对一个写作者来说，最重要的是有好作品，而不在乎你得过什么奖。即使得过，也是过去的事情，不代表现在和未来。

问：同别的作家比较，您觉得自己的儿童小说最大的特点是什么？就您已经出版的作品看，都是小说、散文类，想过尝试童话、诗歌的创作吗？

答：我喜欢写"我"，有时候这个"我"也叫孙卫卫，但已不是真的我这个孙卫卫了。我还喜欢幽默和好玩，我希望看我书的人都笑起来。

现在主要写小说和散文，将来想尝试写写别的体裁。我少年时候写

孙卫卫《推开儿童文学之门》

过诗的，还发表过，但是后来再没有写过。我以后会学习写诗，不一定要当诗人，但最好会写。我上初中的时候，学写过童话，"发表"在自己办的手抄杂志上，只是后来再没写，以后肯定会写。

问：您的散文集《小小孩的春天》获得了全国优秀儿童文学奖，您认定的优秀儿童散文是怎样的？

答：我觉得好的儿童散文，应该是内容真实、充满童趣的。内容真实，是相对于虚构而言，不能为了吸引读者，为了离奇，而去

孙卫卫《小小孩的春天》　　孙卫卫《小小孩的春天》
（江西高校出版社）　　（长江少年儿童出版社）

编造一些情节、故事，为写而写，那样就不是散文了。充满童趣，是要把散文当故事去写，在谋篇布局上要考虑孩子阅读的特点，尽量好玩一些，有趣一些，吸引他们去读。我喜欢散文，是因为这种文体最能直接表达我的喜欢和不喜欢，不用绕来绕去。每次写散文，对我来说，都是一次感情的宣泄。写的时候，我笑过，我也流下过伤心和难过的泪水。

　　问：我对您的印象一直定格在那次中国现代文学馆的匆匆一见，我觉得您很安静，很朴实，后来读到一些写您的文字，证实了我的感觉。但是读您的作品，像《胆小班长和他的哥们》《男生熊小雄和女生蒙小萌》，觉得非常幽默风趣。难道"文如其人"在您这儿不成立？

答：本分、朴实和幽默风趣不矛盾。我是一个能动能静的人，总的来说，我喜欢静，动也是看别人动，比如喜欢看球。"文如其人"不一定适合每个人，但在我身上还是比较符合的，我是一个本分的人、朴实的人，同样，也是一个喜欢幽默、喜欢风趣的人。

问：您的文学创作受谁的影响最大？

答：上初中的时候，崇拜贾平凹先生，喜欢他的散文，也经常看他的传记。初学儿童文学写作，对梅子涵老师的文字很着迷，模仿他的叙述方式，写了不少被人称之为有梅氏风格的习作，有的还发表了。近年来，喜欢孙犁先生和汪曾祺先生的作品。

孙卫卫《熊小雄成长记系列——我和表妹在同班》

漫画《卫卫淘书》

问：您现在有多少藏书了？您为什么如此热衷于收集那些老书、老杂志？

答：家里有 20 多个书柜，每个书柜都是里三层外三层地装满了书，单位的柜子里也大多是书。总共有多少？我从来没统计过。对一般人来说，买书是用来读的，不是藏的，我宁愿做一个读书人，也不愿做一个藏书家。书太多，找书十分不方便，我现在正在清理，争取做到少而精，少买书，多读书。喜欢老书、老杂志，一个原因，有的书后来没有再出，想看只好到网上或者旧书市场淘老版本。还有一个原因，是怀旧，比如我少年时代读的书，后来由于各种原因丢失了，现在淘到相同的书，好像又回到了少年时代，是一种感情的回归。

问：关于语文学习特别是写作，有什么经验或者教训可以与我们同学说说的吗？

答：语文学习，除了精读教科书以外，必须有广泛的阅读，可以读当代的经典作品，也可以读古代的，读外国的。我建议，趁着在 20 岁前智力急剧上升的黄金时期，不妨多背诵一些古典诗词，为将来做各种工作打下基础。

如何写好作文，我曾在《胆小班长和他的哥们》一书中借用萧老师的话说，小学生写作文最好不要虚构，不虚构的东西还写不完

孙卫卫《胆小班长和他的哥们》

呢，虚构干吗？文章不要写得太满，要给读者留下空间。结尾也不一定总是和祖国、和人民联系起来，联系一次还好，老联系就假了，你怎么想就怎么写，不要想我这个主题是不是太小了。太小，没有关系，只要是你的真实经历、你的切身感受，一般都不会错。小孩子的作文要有孩子气，孩子气没有了，一个个都是小大人，不好。你的作文之所以和别人的不同，是你的经历、你的感受和别人的不同，如果你写的都是别人知道的，谁还会对你的文章发生非看不可的兴趣呢？所以，一定要用自己的话写自己的事情和想法，人和人的感受是不一样的，反映在文字上怎么会一样呢？

问：假如有两个看过您作品的小读者，一个直夸好看，另一个却直皱眉头，您更喜欢哪一个？

答：如果他们是发自内心的直夸好看和直皱眉头，我都喜欢。如果非要选择一个，我会选择皱眉头的，因为喜欢的人已经不少，好话我也听了不少，而皱眉头的人不多，我想听听他为什么要皱眉头，和他一起探讨以后怎么不让他皱眉头。

问：最后，给孩子们推荐一些作品吧。

答：推荐《国际安徒生奖大奖书系》。2000年，河北少年儿童出版社曾出版过一套32本的《国际安徒生奖获奖作家书系》，最近，安徽少年儿童出版社也出了同类的书，可以读一读。

（2004年12月访谈，2015年8月补访）

汤汤
一个偶然的童话

　　与文字结缘，无论是阅读还是写作，都是幸福的事情。愿这份幸福能伴随你们很久远。

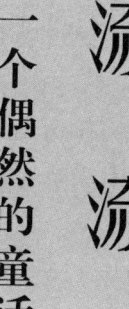

作家简介

汤汤，原名汤红英，中国作家协会会员，浙江省作家协会副主席。痴迷童话，热爱行走。住在一个小小的县城——浙江武义，有滋有味地过着简单的日子，两度获全国优秀儿童文学奖，有《到你心里躲一躲》《别去五厘米之外》《喜地的牙》《美人树》等作品。《喜地的牙》被改编为儿童音乐剧。

学者点评

汤汤的童话，常有一种不易说清而更难说尽的好玩的趣味。细细想来，这里有三个层次：一是表层，即生动的、充满童趣的、每每与众不同的叙述层；二是与现实对应的层面，即故事中的许多意象非常巧妙地让人感觉到自己也是熟悉这一切的，自己也与这奇异故事有关，这是她的童话让人觉得沉甸甸的最关键处；三是人生意味与生命价值的层面，从她的作品中，常能生发出一些与永恒价值相通的东西。

——刘绪源

问：汤汤好！最近读了您的一系列童话，发现您写了很多鬼的故事，像《到你心里躲一躲》《一只小鸡去天国》《琵蕊黛鹭花》等。我很好奇，您相信有鬼吗？您害怕鬼吗？

答：我个人认为，"鬼"不是一个具体的存在，也不指向一个具体的东西，他可以代表一种神秘的力量，而我是相信世界上有神秘事物和力量悄悄存在的。

我不害怕鬼。

汤汤《一只小鸡去天国》

汤汤《来自鬼庄园的九九》

问：您怎么会想到写鬼故事的？我猜您应该很喜欢《聊斋志异》吧？

答:"汤汤,你为什么要写鬼?""汤汤,你一定喜欢看鬼片吧?""是为了标新立异吸引眼球所以写鬼吗?"诸如这样的问题,不止一个人问我了。可是,我总是没有办法回答。因为,我也不知道为什么要写鬼。我只知道,在那段日子里,我不想写兔子,不想写狗熊,不想写猫,不想写鸡,不想写猪,也不想写老虎和狮子。"写鬼吧。"有一天,心里有个声音在说。这个念头冒出来的时候,我激动得手指尖微微颤抖。灵感来了,激情来了,来得势不可挡。所以,就写了,所以这个问题的答案只能是这样。其实写鬼或者不写鬼,都不是因为我想要形成什么风格或者改变什么风格,我只是跟着感觉走,跟着激情走。什么东西唤起我写作的灵感了,什么故事唤起我的叙述冲动了,我就写。如今回望这一系列的童话创作,我最大的感触是惊讶,居然在不知不觉中就写出这么多面貌的"鬼"来了,真是一件有意思的事情啊。

大概是中学的时候,很喜欢《聊斋志异》,现在也喜欢,但不是每篇都喜欢了,最喜欢《婴宁》。

问:您笔下的鬼,常常比人更善良,更真实,更可爱,您为什么这么安排?

答:其实,"鬼"只是一个童话元素,我是通过他来写人性,写人情,写人世间,写人生感悟。

问:在您写的那么多"鬼"中,您自己最疼爱的是哪一个?

答:《到你心里躲一躲》里的"光芒"。他的傻和宽容,对人无限相信,心里充满温暖的爱。

问：读您的童话，感觉"中国味"很浓，也就是说，是地地道道的散发着中国气息的童话，一下子就能同那些翻译成汉语的外国童话区别开来。这个方面，您是怎么考虑的？

答：这个不需要特别考虑啊，本来就是一个热爱本土文化的中国人嘛，又没有到国外生活过，就算想写"外国味"我也写不出来。

问：我发现您在谈到自己的童话创作时，常常会提到儿子金三易。小家伙对您的创作起着怎样的作用？他对您的作品有不满意的时候吗？

汤汤《到你心里躲一躲》

答：是啊，好多灵感，都是从他身上得来的，或者和他相关的。比如《喜地的牙》《一只蛤蟆叫太阳》《到你心里躲一躲》《我很蓝》等。

金三易小朋友对我还是比较崇拜的，很少有不满意的时候。当然，为了体现他的水平，也常会给我指出一些毛病来，比如悬念设置不够啊，遣词造句的问题啊，他和他爸爸都是第一读者。

问：小家伙偶尔指出的毛病，您是虚心接受，还是据理力争？
答：当然要争辩啦。在争辩的过程中，我们两个都会有进步。

问：您前面提到了灵感，以您的经验，怎么才能获得奇妙的灵感呢?

答: 灵感其实都藏在平常的生活里。热爱生活,热爱世界,热爱一切美的东西,保持一颗好奇之心,时时刻刻张开感觉的触角,敏感又多情,灵感便会不期然出现了。

汤汤《喜地的牙》

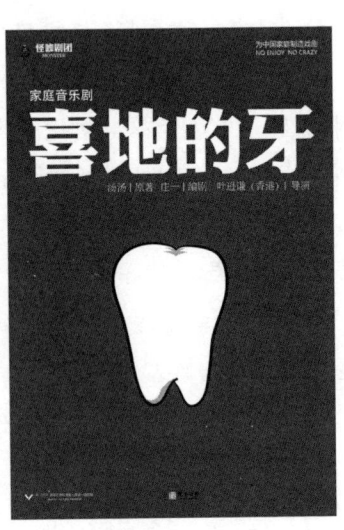

音乐剧《喜地的牙》海报

问: 这么说有点抽象,能够举个例子吗?

答: 我整理了一下自己的童话的灵感,发现几乎所有的童话,都来自最平常的生活。平常生活里被人忽视的点点滴滴,几乎都可以用来写作童话,写到神奇,写到陌生,写到人眼睛一亮。这样的童话能接地气,能触动人心。比如,《我很蓝》这个童话的灵感是怎么来的呢?有一天,儿子说要画一个妈妈。他画好了我的脸以后,拿了一支蓝色的蜡笔把脸涂蓝了。我说,天哪,我的脸怎么成了蓝色?他说,妈妈,你的脸是天空的颜色哦。就这句话带给我灵感,我开始反复构思。《一只蛤蟆叫太阳》的灵感也是来自儿子。他在校园里和同学们一起遇见一只癞蛤蟆，很多同学捡起石头去砸它，他大叫着阻拦，因为拦不住，他又哭又喊。这件事情，是他班主任告诉我的。我听了之后，心有所动，慢慢地，脑子里有了这本书的雏形。《天子是条鱼》这个童话的写成，是因为有一天路过一家院子，眼睛的余光瞥到一口大水缸，我想起小时候玩捉迷藏躲在水缸里的事儿，于是就想写一个有关水缸的故事。结果写着写着，写了一个爱与放手的童话……

汤汤《别去五厘米之外》

问：您辅导过儿子写作吗？对小学生的写作您有什么建议？

答：我对他辅导挺少的，顶多他写好了，我给他提提意见，他再修改修改。写作之前，几乎全没有辅导。

要写好作文，得从生活中汲取营养，善于捕捉生活中的素材，成为灵感之源；还得从书本中汲取营养，多阅读可以使你有一个好的眼光，以及语感的最好滋养。

问：您的哪些阅读积累对您的写作产生了比较大的影响？

答：这个还真说不准，就好像你问我是哪些食物让我长大了一样呢。我看书很随性，也很挑剔，大概不是一个好读者。若是头几页能吸引我，就一直捧着；若是不能，那么不管附着在它身上的赞誉有多高，作者多么有名，也是干脆利落地扔到一旁。

我读书，只是为了享受，享受精神世界的愉悦。

汤汤《美人树》

我享受遇到气息相投的文字，醍醐灌顶的文字，精彩智慧的文字，让灵魂出窍、舒展的文字，让人哭了又笑了的文字；我更享受遇到文字后面那些远远比我深邃、柔软、悲悯、博大、智慧的灵魂。遇到这样的文字和灵魂啊，精神上的愉悦真是无法形容，那是远远超脱于肉体存在的快乐的。那种心满意足的感觉啊，仿佛一颗心被洗涤过，滋养过，润泽过，抚摸过，拥抱过，温暖过。然后，我用被文字擦亮了的眼睛和灵魂，重新审视这个世界和人生。

阅读对写作的影响，是在不知不觉中发生的吧。

问：当年，因为蒋风先生的一个讲座，您爱上了童话，从此与童话结缘。您认为这样的相遇是偶然的还是必然的？

答：是一个偶然吧，我很幸运。

永远记得2003年那一年的儿童文学讲习班，规模真是大啊，四五百个语文老师，六七天的时间，来自全国各地的专家教授们一堂一堂为我们讲课。现在想起来，十分汗颜的是，当时我们的纪律很不好，我们爱说话，课堂常常像一锅煮沸的粥。蒋风老师高大笔直的身躯，时时刻刻穿梭在我们中间，辛辛苦苦地维持纪律，他所到之处，会有片刻安静，待他一走，声音又雨点似的起来。此起彼伏的声音中，他不停地走，不停地走，白发整齐，面容平和，眼神里没有生气和焦灼，只有热切的期盼和叮嘱："认真听一点啊，老师们，认真听一点，会有收获的。"

我很认真听，因为我被迷住了。我被经典的儿童文学作品里文字的温暖、思想的深邃、故事的张力和直抵人心的力量一下子迷住了，我想要知道它们更多，我想要尝试着写一写。

没有蒋风老师，也许就没有我后来的童话人生吧。如果没有童话，我现在又是怎样一个人生状态呢？

2011年写过这样一则日记：

有时候想，如果没有遇见童话，我现在是怎样一个人生状态呢？可以肯定的是，我一定还是汤红英，一个极其普通的小学老师。我并不认为当个小学老师有什么不好，我现在依旧在一个小县城里快乐地做着我的小学语文老师。但遭遇童话前后的我，确实是有极大地不同的。而不同就在于内心的世界。因为童话，内心世界变得丰富了，博大了，轻盈了，纯净了，踏实了，温暖了，快乐了，超脱了，豁达了，平和了，饱满了，淡定了，也更善良、柔软多情了。所以，童话又让我的生命状态有异于一个小学老师。因为遇到了童话，汤红英变成了汤汤。总是会有从心底喷薄而出的幸福感暖暖地笼罩我，我感谢童话，深深地……

深深地感谢蒋风老师。

问：这真是一次美妙的唤醒，本身就是一个美丽的童话。最后，请您给孩子们推荐一本书。

答：《我亲爱的甜橙树》。

（2015年8月访谈）

陈诗哥

童话是世界的本来面目

读童话，可以重新成为一个孩子；重新成为一个孩子，意味着生命如节日般归来。

作家简介

陈诗哥,中国作家协会会员,出生于广东肇庆,现居深圳。2009年开始发表童话,出版童书有《几乎什么都有国王》《童话之书》《故事马上开始》《在我睡着之后》(1—3)、《风居住的街道》等。

获2009年冰心儿童文学奖、2010—2011年首届《儿童文学》金近奖,2013年以《风居住的街道》全票获第九届全国优秀儿童文学奖,2014年获第八届深圳青年文学奖、第二届《儿童文学》十大青年金作家奖、《儿童文学》擂台赛之直通罗马大奖赛银奖,童话集《几乎什么都有国王》入选"深圳文学30年30佳著"、深圳读书月2014"年度十大童书"。

学者点评

陈诗哥的作品不多,但已体现出自己的鲜明风格。他描绘现实时想到的是童话,写作童话时心里涌动着哲理,表现哲理时则又写出平淡有趣的儿童生活。他能将现代性与儿童性,将诗与童话巧妙结合。当这种结合呈现为和谐自然状态时,就能创造出大人和孩子都爱看的、耐得咀嚼的佳作。但此种写法,要能既不重复自己,又保持和谐自然(而非人工制作),殊非易事。希望他走得更远。

——刘绪源

问：诗哥好！您曾经说过,"重新命名一切,解释一切,照亮每一个词语,这是诗人的任务"。所以,我首先想问,您把自己的笔名命名为"诗哥",是出于什么?

答：首先因为我写诗。千百年来,事物被各种文化沾染,早已失去它们的本来面目,诗歌和童话的意义,我认为是把每一个词语重新拭亮。其次因为我是我太太的师哥,我的QQ网名便是"陈师哥","陈诗哥"便是从这演变过来的。

我曾说：诗歌与童话,对我来说,就像天使的两个翅膀,一个带着忧伤,一个带着快乐。凭借这两个翅膀,我就可以飞翔了。

我觉得诗歌与童话有一个共同点,即发现事物之间的神秘关联。就是说,任何两个事物或者词语之间,都存在着一种迷人的关系,只要发现它,你就能发现当中的诗意。举个例子,"桌子"和"花朵"之间有什么关系呢？花朵只是摆在桌子上装饰用的吗？这样的关系太简单了。意大利诗人、童话作家贾尼·罗大里却在"桌子"和"花朵"之间发现了一个迷人的关系,写了一首诗《需要什么》：

需 要 什 么

做一张桌子,

需要木头；

要有木头,

需要大树；

要有大树,

> 需要种子；
>
> 要有种子，
>
> 需要果实；
>
> 要有果实，
>
> 需要花朵；
>
> 做一张桌子，
>
> 需要花一朵。

请看,"桌子"和"花朵"这两种风马牛不相及的事物,就这样产生了关联,而且这种关系很童话,也很有诗意。

再举一个例子。我有意识阅读的第一本书是五年级时读的《射雕英雄传》。从这本书开始,我喜欢上了读书,并开始模仿写作,写武侠小说。但谁会想到,若干年后,我遇到我的太太,她的名字叫郭靖。

世界就是如此神奇。

问:"诗歌与童话就像天使的两个翅膀",这个比喻好美,有让人飞翔的力量。您为什么认为诗歌带着忧伤,童话带着快乐?

答:从本质上,诗歌是忧伤的,童话是快乐的。实际上,两者是相互交织的。但无论快乐,还是忧伤,都是美好的。诗人是一个浪子,永远在寻找一条回家的路,处处无家处处家。土耳其诗人塔朗吉的《火车》可以说明这点:

火 车

> 去什么地方呢?这么晚了,
>
> 美丽的火车,孤独的火车?

凄苦是你汽笛的声音，
令人记起了很多事情。

为什么我不该挥舞手巾呢？
乘客多少都跟我有亲。
去吧，但愿你一路平安，
桥都坚固，隧道都光明。

而童话作家，其实是属于未来的事物。因为单纯，所以快乐。

我想提醒的是，我们所处的世界，是一个寓言世界，充满怀疑、欺骗、暴力和苦难。"我始终认为，一个人可以很天真简单地活下去，必是身边无数人用更大的代价守护而来的。"(《小王子》)

愿我们的童话作家都有面对现实的勇气。

问：阅读您的《童话之书》，常常不经意间就会在某一个"路口"遇到熟悉的风景，那都是些经典的作家、作品、语句。看得出，您有着丰富的经典阅读的积累。您是以那样的作品作为自己创作的努力目标吗？

答：有趣的是，我小时候没有读过童话。我有意识读的第一本书是武侠小说，那时是五年级。上了中学后，我便开始过读书的生活。我常躲在房间里读书，所谓"翻书得净土，

陈诗哥《童话之书》

闭门即深山"。但我妈妈很担心我会成为书呆子，所以常叫我出来看电视。

我对经典有一个界定，它包含三样东西：伟大的心灵、伟大的技巧和最初的喜悦。如果用意大利作家卡尔维诺的话来说更为恰当："一部经典作品是一本每次重读都像初读那样带来发现的书，一部经典作品是一本即使我们初读也好像是在重温的书。"

经典是人类能够创造出来的最好的事物。

阅读经典，其实是与大师对话的过程。即以一颗谦恭的心，接受大师的调教，有时也尝试进行反驳，我以为这便是最好的教育。所谓"吹灭读书灯，一身都是月"。

读书带给我最大的好处，是让我明白各个层面、各个领域之间的关系，其中最主要的，我归纳为五重关系：人与神的关系、人与自然的关系、人与世界的关系、人与他人的关系、人与自己的关系。这五重关系里面，我觉得最重要的是人与神的关系，它统筹了其他所有的关系。而现在这个时代，最重要的是最后一个关系"人与自己的关系"。"人与自己的关系"当然很重要，例如在佛教里面，只要你解决了自己，你就能觉悟。但遗憾的是，我们现在看到的更多是自恋。

我思考问题，例如童话，便会放在这五重关系里观照。

我开始写作，当然不是以经典为目标，那不过是同学之间的游戏，但确实希望以经典为结束。

问：我感觉您的童话具有很强的个性，我总能读到弥漫其间的哲学气质。您是借助童话表达您对生活和生命的思考吗？

答：刚才说，我小时候没有读过童话；更有趣的是，我长大后看不起童话，认为童话缺乏文学含量，更缺乏思想含量。

这种偏见一直到 2007 年，我鬼使神差一般成为一个少儿杂志的编辑（这又是一个童话故事）。2008 年，我开始读《安徒生童话》，大吃一惊，发现自己一直想找的东西在安徒生的童话里都有，如故事、诗性、哲学、神性……一道神秘之门就这样打开了。

2008 年还发生了另一件事情，对我的童话写作产生了直接作用。5 月 12 号那天，我在汶川遇到了大地震。我是汶川大地震的生还者。从汶川回来后，有一个多月，我没有办法开口说话。过了几个月，有一天，我在山上走着，如孤魂野鬼一般，突然脑子里灵光一闪，就停下来，用手机写了一个童话，从此一发不可收拾。那段时间真的很神奇，我觉得到那时候才活了过来，重新变成一个孩子。

所以，我很好奇，童话到底是什么，它为什么有如此神奇的力量，能让一个人复活？

随后，我逐一把童话放在信仰、哲学、教育、文学、人类学等范畴里去观照，去思考。我想，唯有和信仰、哲学、教育学、人类学、诗歌等保持某种张力关系，童话才会找到自己的位置，才能抵达"天涯静处无争战，兵气销为日月光"。

在某种程度上，我的长篇新作《童话之书》便是我的答卷，它是对童话的重新解释和重新命名。

问：童话"能让一个人复活"，这样的解释让我震撼。在《童话之书》里，我读到很多隐喻和象征，知道您的"童话""寓言""故事"各有深意，所以才会说出"童话在寓言世界里的故事"这样的话。这种深意，您认为孩子们能领会吗？

答：是的，"童话""寓言"和"故事"这三个词语，在《童话之书》里各有所指，有别于我们平时所理解的概念。为此，我专门写了一篇文章《〈童话之书〉：童话在寓言世界里的故事》，有兴趣的朋友可在网上找到。

这里有一个问题：童话只是给小朋友看的吗？我的个人经历告诉我：不是。在这世道，成人更需要看童话。因为我们丢失的实在太多。童话之所以为童话，是因为它有一种伟大的单纯。单纯的力量是无比巨大的。唯有回到单纯的源头，才能因应繁复的事象。童话作为生命和文学的方式，而非寓言，而非魔幻，这本应是世界的本来面目。

我区分了两个概念：孩子和儿童。在我们平时的经验里，"儿童"是书面语，而"孩子"是口头语，叫起来会亲切一些，但从本体论上看，我觉得是有区别的。

儿童是一个生理概念，人不能重新成为一个儿童，因为人不能返老还童。

人却可以重新成为一个孩子。孩子指的是最初的人，也就是有一颗温柔、谦卑、宽恕、忍耐的心，对事物有着直接的喜爱，而非仅仅拥有一个概念。他可能是一个弱者，不会对别人造成攻击。他可能90岁，也可能只有8岁。

而读童话，可以使0—99岁的大人和0—99岁的老人，重新成为0—99岁的孩子。

就《童话之书》而言，"一本童话书能够走多远——《童话之书》阅读传递"的活动已经证实，四至六年级的小学生基本可以领会，中学生和成人就更不用说了。

我则希望能有更多成人来阅读，不要只为孩子读童话，首先要为自己读。

问：我很喜欢您的那些短篇童话，像《几乎什么都有国王》《风居住的街道》《如果世界重新开始》，这些灵感是从哪里来的？

答：我也不知灵感从哪里来，似乎不可人工为之。我所能做的是多读书，多思考，多积累，以一颗安静的心等待灵感的降临。

《几乎什么都有国王》是在我最初写童话那段时间写出来的。"几乎什么都有国王"的意思是：只要你有一个独特的故事，哪怕你是一根草、一扇门，都会像国王一样独特、自由和高贵。我觉得，在汶川地震中死去的十万人，每一个都是高贵的国王。

陈诗哥《几乎什么都有国王》

《风居住的街道》的写作过程很有意思。最初是童话作家汤汤听了一首日本曲子《风居住的街道》，很喜欢，传给了福建儿童文学作家李秋沅；李秋沅听了很喜欢，传给我；我听了很喜欢，又传给汤汤。于是，我们三人相约写一篇同题的作品，可惜只有我写出来了。关于这部作品，我写过一个创作谈《如何把风译成汉语》，探讨如何把轻飘的风写得富有新意，且文风扎实。我诉诸

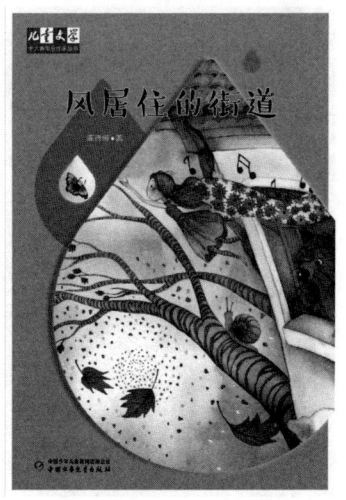

陈诗哥《风居住的街道》

风的日常生活:它有没有衣服,要不要洗澡,会不会发脾气……在写作过程中,我笔下竟不知不觉写出了很多与风有关的词语:风声、风度、风流、风光、风干、风花雪月、黑旋风、风情和发疯……譬如,台风就是喝醉了酒发酒疯;还有一门深奥的学问:风水……真是异常丰富的汉语啊。

我写童话,并非模仿孩子,而是重新成为一个孩子。

一个人重新成为孩子后,他说出的话,都可以称之为童话。

问:对于刚上幼儿园的儿子,您对他的阅读有怎样的计划?

答:从儿子满月开始,我就给他读唐诗,不在于他是否听得懂,而在于让他感受声音的韵律。孩子也需要父母的声音。

从他七八个月大,我开始给他读绘本。到了一岁两个月,他刚学会走路,还不会说话,有一天我给他读一本书,书上画着一个时钟,他就拉着我的手去到墙边,用手指着墙上的时钟给我看;然后又拉着我到桌子旁边,指着桌子上的闹钟给我看;然后又拉我去到压力电饭锅旁边,那里有一个小小的计时器,他也指给我看。

瞧,即使是一个婴儿,也能发现事物之间的美妙关联。

我并没有怎样的计划,只是有空就给他读书。也没有什么目标,也不是非要读书不可,我就

陈诗哥《故事马上开始》

很赞成带他到大自然去玩,或者去听音乐会。跟着他兴趣走,顺势引导。

我想,无论读书、到大自然玩或听音乐会,它们都是对生命的唤醒。

问:请给小学生推荐一本书。

答:我这样回答吧:对我而言,最伟大的童话作家是安徒生,最伟大的童话作品是《小王子》。

(2015 年 9 月访谈)

后记：自问自答

问：你怎么想起访谈这些儿童文学作家的？

答：作家写作会有灵感突降的时刻，做这些访谈，也是缘于一时的灵光闪现。

2004年9月，我有幸参加在北京中国现代文学馆召开的"江苏未成年人思想道德建设文学在线"活动，见到了与会的数十位儿童文学作家、评论家，其中有一些，我童年时代就读过他们的作品，看着这些以前只在书中见到的作家，心情自然激动。

那天，逮着个机会，我向金曾豪先生请教。金先生即是我少年时代喜欢的一位作家，他的为人同文字一样，质朴，真诚，文气。金先生平时并不多言，一旦开口，却是话锋机敏，见解独到。听着听着，我忽然想到，我和同事们正在筹划编辑一份校园阅读小报，如果开设一个作家访谈专栏，对孩子、老师和家长，都是非常有意义的。我犹豫着，向金先生提出了这个想法。金先生立马就同意了。如果没有金曾豪先生的善解人意，或许就不会有后面这一系列的访谈了。

可以说，对儿童文学的喜爱，对作家创作生活的好奇，和让更多读者走近儿童文学的愿望，促使我开始了这个系列访谈。

我做这些访谈，不是进行专业的文学研究探讨（我也不具备这个能力），只是朴素地想在儿童文学作家和读者之间架起一座桥梁。

问： 你是通过什么方式进行访谈的？

答： 不外乎直面访谈、电话访谈和网络访谈，尤以网络为主。

秦文君女士的访谈是在车上进行的。那年，我和同事去上海接她来校跟孩子们见面，车行了两个多小时，我们也聊了一路。事后，我根据录音进行整理。录音里各种嘈杂，我努力辨听，加上记忆，还原了当时的内容。现在想想，真是对不住秦女士，一路颠簸，本该让她安静休息才是。

李毓佩先生是唯一电话采访的作家。我一直希望孩子们的阅读视野能够更多元、更开放，李先生的创作领域独特有趣，引起了我的兴趣。电话里，李先生的声音让人有一种敬畏感，却并没有多少生疏的距离。当时，先生家似乎有事，但他还是跟我约定了电话访谈的时间。在第二天的电话交流中，他认真又耐心。后来，为一个具体数字，他还特地更正。遗憾的是，我与李先生至今都未谋面。

作家程玮那时尚未复出，自1993年定居德国汉堡后，她就没有了消息。其实，为给德国电视台拍摄中国文化纪录片，她一直在中德之间飞来飞去，只是与国内文学圈没有了联系。一个偶然的机会，我结识了一位与程玮父亲有来往的老师，从而获得了程玮的联系方式。后来，孙卫卫看到程玮的访谈，说很多人都关心着程玮，所谓"人不在江湖，江湖却有她的传说"，于是拿到他当时供职的《中国新闻出版报》发表了。

类似的故事不少，曾经设想在每个访谈后附上一段"作家印象""访谈背后"之类的小花絮，孙卫卫认为不加为好，以突出客观报道和访谈。我觉得有道理，便放弃了这个想法。

问： 进行这样的采访，你一般要做哪些准备工作？

答：我自认对待这项工作是认真、用心的。这是自己喜欢的事情，因而也是愉快而轻松的。

首先，当然是进一步熟悉这些作家，生平、主要作品、相关评论，尽可能多地拥有作家的材料。在阅读中，了解、把握作家的风格、特点，甚至性格、爱好等。

接着设计问题。问题要有针对性，力求指向作家的特点，让作家有话想说。同时，因为目标读者群的关系，问题力求具有亲和性、亲切感，是读者们所关心的内容。很多作家，我都会问及对孩子语文学习或写作的看法，最后都会请他们推荐优秀作品。作家彭学军看了我拟的问题后说"问题是费了脑子的，我也得费脑子回答"。徐鲁先生则说我是"知人论文"。这些对我都是鼓舞。

在热切期盼中，作家们的回答过来了。平复激动的心情后，我即全面整理，有时会再做点追问。最近的几个访谈，与彭学军、汤汤、陈诗哥等，都曾就某个问题在网上来回多次。随后，或灵光一现，或绞尽脑汁，找到一个自感满意的标题。最后，传回作家，做最后的审定。

问：这些作家给你留下了怎样的印象？

答：我从小就对作家这个群体葆有敬意，通过访谈，对他们的文品、人品有了更多的了解。

采访这些作家，起初心里是有些惴惴的。作家们听说是为儿童文学的推广，都那般热情、随和。透过邮件，我仿佛能听到金波先生爽朗的笑声，他的宽厚、慈爱让人温暖。张之路先生很干脆地表示没有任何问题，还费心地给我复制、刻录了由他编剧的六部影片。我不知道，访谈孙建江先生之际，正是他最为忙碌的时候，上海、北京两个国际书展先后举行，作为出版社负责人的孙先生该有多少事务需要处理。彭学军老师特别好玩，当我联系访谈事宜时，她假装生气地说：心里不平衡，为什么8年后才轮到我？彭老师一贯给人优雅娴静的印象，没想到还有如此可爱的一面。

不少访谈已事隔数年，这次出版，我一一发给作家本人请求再度审定。其时，方素珍老师正在外地，说后天回台北再看。谁料，当晚，她即发来了修订稿。那段时间，黄蓓佳老师的小外孙女回国，她说，几个月的孩子，又调皮又不通人事，时间精力全被她耗去了，电脑前根本坐不下来。她是忙里偷空，抓紧回答了一个新问题。梅子涵先生的回答，就是一篇漂亮的文章。他精于打磨文字，落在纸上，从不随便。

作家们深厚的文学情怀、深刻的文学理解和深切的人生感悟打动着我。我常常忍不住将这些访谈转发给朋友们分享。

韦伶女士对少女和少女文学的阐释，深刻，独到，感性与理性并重，我一读再读。郁雨君诉说梅子涵先生对自己的知遇之恩，让人动容。韩青辰那句"我写作只为我的心"，是我们在QQ上聊天时她随兴打出的，我立时内心一震，马上加进了访谈中。我认为，这是她创作的灵魂。杨鹏后来有句口号"保卫想象力"，媒体曾经广为报道。我是他这一想法诞生的见证者。2006年在扬州，晚上，我们二人卧谈，聊当下儿童的阅读现状，他突然冒出这句话。这是触及当下中国教育本质的一个问题，我不由叫好。冰波和马来西亚作家年红先生关于童年状态的描述有异曲同工之妙，这恐怕也是优秀儿童文学作家特有的一种心理状态吧。郝月梅、章红两位的回答中，我读到一种对童年的心疼、关爱和责任。祁智先生则告诉我们，一位作家对待文学、对待儿童的虔敬态度。

作家们多样的创作风格、个性化的创作理念，犹如天边的彩虹。汤素兰、王一梅、汤汤、陈诗哥，或是广有影响的文坛名家，或是锋芒已现的后起新锐，他们都是童话作家，都有自己鲜明的童话美学，让我们看到了原创童话的高度和希望。沈石溪先生作品中对阳刚之气的追求，徐鲁先生诗作中对民间文化的传承，都能引发我们深深的思考。

问：对于这本访谈录的出版，有哪些需要感谢的人？

答：这是一本集众人智慧与爱心的书，我是一个幸运的捡宝者。

出版《童年爱上一本书》后，我跟好友孙卫卫发誓，起码，最近的几年不会再出书了。我深深知道，好书太多，实在没必要再去浪费纸张。

没想到，誓言有时候很容易被瓦解。才发完誓，编辑孔胜楠就来电，说从一篇文章中得知我采访了不少作家，问能否将这些访谈做个集子，与上本书正好呼应。我当即摇头谢绝。这倒不是说那些访谈没价值，相反，我认为很有意义。问题在于，大部分访谈是数年前做的，如果结集，得重新一一征得作家同意。作家中有的年事已高，有的创作繁忙，我实在不敢惊扰。孔编辑一如既往地锲而不舍，游说道，这些访谈有助于大家了解儿童文学，了解儿童阅读，这样的公益事，为什么不去做呢？尽管有困难，但不去争取，怎么知道不会成功？再后来，与朱自强先生聊起，他也鼓励说，这是很有意义的事，即便对儿童文学自身，也是留下一份珍贵的资料。

感谢作家们。征询意见时，大多很快表示了同意与支持。只有一位，不管是邮件还是手机短信，都没有回音。那年我们一同在台湾考察，于是做了一次直面访谈，现在只得遗憾地放弃。

感谢各位学者。在体例上,每个访谈都有一个学者简评,简评精到意赅,帮助读者大致了解该作家的创作特点。简评有的选自学者们的论文,有的专为本书撰写。这些学者是(以姓氏拼音为序):班马、樊发稼、方卫平、金燕玉、李学斌、刘绪源、钦鸿、谈凤霞、汤锐、吴其南、郑延慧、朱自强。

必须铭记两位老先生。当年准备采访孙幼军先生时,他的身体似乎已经欠佳。他在电话里说,自己听力不怎么好了,通过邮件访谈吧。回答的文字,风趣幽默又智慧,邮件落款常常就是"怪老头儿"。这次准备结集出版时,我一直犹豫,因为知道他的身体情况,迟迟不敢打扰。8月上旬,前一天在上海,我跟诗人雪野谈起心中的担忧,第二天,竟传来孙老故去的消息。愿这位给无数童年带来欢乐的"怪老头儿"在天堂欢笑。钦鸿先生是华文文学研究学者,在东南亚一带有很高的知名度。2006年,年红先生应邀到我当时就职的学校讲学,提出想与钦鸿先生见面。我很是惭愧自己的孤陋寡闻,竟不知家乡有这么一位学者。随后,我即约请了钦先生撰写年红先生的简评。今年8月下旬,却惊闻先生驾鹤西去。生前,钦先生已将所藏海外华文文学图书1500余册专项捐赠江苏省南通市图书馆。更早时,钦先生曾将珍藏的叶圣陶、冰心、汪静之、艾芜等名家348件信函手稿捐赠给上海市图书馆中国文化名人手稿馆。先生风范长存。

两位长者的家人均同意将他们的文字收入书中,在此深深致谢。

感谢两位年轻的孙先生,孙卫卫和孙玉虎。为这本书,我常常一有事就叨扰孙卫卫,他总是不厌其烦。他说,我现在做的事,正是他当记者时想做的。为了明晰有关著作权的问题,他还特意帮我请教了中国文字著作权协会的总干事。孙玉虎身为名刊编辑,信息灵通,目光锐利,话语坦率,为人又热情幽默,给我的访谈整理带来诸多启发与帮助。

感谢季晟康先生。他是出版界名流，曾创造数个出版奇迹。他一直关心着本书，诸多方面毫无保留地提出建议，并认真表示，万一出版遇有变故，他愿全力促成面市。这番美意让我感动。

郭史光宏先生是马来西亚儿童文学协会副会长，因年红先生不用网络，此次相关事宜，得到光宏鼎力相助。

这十多年，我的行走得到著名前辈教育学者成尚荣先生的热切关怀，我总能感受到他温暖注视的目光。从最初的访谈起，他就大声叫好。这次，他甚至亲自帮助斟酌书名。

书中的部分访谈，曾于2007年由未来出版社结集出版，当时，姜莹、马鑫等编辑都操了不少心。

张小莹，就职于南京信谊，是名字、作品与人一样美丽的青年画家，用时下流行的话说，"明明可以拼颜值，偏偏还那么有才"。那些大家爱不释手的优秀图画书，很多浸透着她的智慧。我试探着询问能否为本书设计封面，她笑吟吟一口应下了。

刘绪源先生是大家敬重的学者，他的著作在学界一再产生广泛影响。不多的几次交往中，刘先生睿智而独立、深刻又温和的风度折服了我。他答应为本书作序，实在是意外的惊喜。

感谢二位王先生屈尊撰写了"封底荐语"。王栋生先生（笔名吴非）被称为教师的脊梁，他的铮铮风骨永远在我的前方。王开岭先生"峭拔的姿态和锋利的目光"，无疑是这个虚无流行时代的异类，他的文化担当深具意义。我敬慕二位先生，于是甘愿从俗，以此书为由，索段文字作纪念。

感谢！

2015年10月于南京